JN410912

평범한 실버의 숨은 행복 찾기 2

뛰는 남자 나는 여사

평범한 실버의 숨은 행복 찾기 2

뛰는 남자 나는 여사

초판 1쇄 인쇄일 2017년 10월 13일
초판 1쇄 발행일 2017년 10월 20일

지은이 최문관
펴낸이 양옥매
디자인 임흥순 송다희
교 정 조준경

펴낸곳 도서출판 책과나무
출판등록 제2012-000376
주소 서울특별시 마포구 방울내로 79 이노빌딩 302호
대표전화 02.372.1537 **팩스** 02.372.1538
이메일 booknamu2007@naver.com
홈페이지 www.booknamu.com
ISBN 979-11-5776-491-4(03800)

이 도서의 국립중앙도서관 출판시도서목록(CIP)은 서지정보유통지원 시스템 홈페이지(http://seoji.nl.go.kr)와 국가자료공동목록시스템(http://www.nl.go.kr/kolisnet)에서 이용하실 수 있습니다.
(CIP제어번호 : CIP2017029374)

평범한 실버의
숨은 행복 찾기 2

뛰는 남자 나는 여자

최문관 지음

책과나무

프롤로그

가슴 한구석이 뭉클해지면서 내 삶 전체를 반성하는 글을 끼적이고 싶어서, 내 주변 친구들의 풍부한 인생 경험을 글로 표현하여 조그만 책을 펴고자 하는 갈망을 해소하는 데 도움이 되고자 감히 두 번째 책을 엮었습니다.

우선 주관적이고 감정적인 것들 신변잡기서부터 영화나 연극 감상문, 독서 감상문 등을 쓰다 보면(miscellany) 유명작가가 되기보다 삶은 내가 의도한 대로 살 수 있을 때, 비로소 내 것이 된다는 기쁨으로 글을 쓰다 보면 나날이 행복할 수 있습니다.

사람이란 각자 가슴속에 묻어 둔 이야기를 끄집어내 평범한 일상들을 글로 표현함으로써 힘들지만 환경이 개선될 것이고, 내 주변이 나아져 삶은 더 이상 지루하지 않을 것입니다.

피츠제랄드는 “인생의 후반부란 여러 가지를 잃어 가는 기나긴 여정”이라고 했습니다. 글을 쓴다는 열정만으로도 노년의 삶은 의미 있습니다. 지난 세월을 뒤돌아보니 나는 바라는 것이 많은 이기적이고 멍청하며 뭘 잘해 본 기억이 별로 없습니다. 무엇으로 위로를 삼아야 할까요.

문장이 서툴고 구성이 다소 엉성하더라도 글 속에 삶이 무르녹아 있으면 솔직담백한 맛에 취할 수가 있지요. 우리는 글쓰기에서 지적으로 보이려고 무던히도 애씁니다. 현란한 기교를 부려야만 독자로부터 인정받을 수 있다고 생각하기 때문입니다.

그러나 보통 사람들이 호감을 갖는 것은 같은 인간이며 많은 결점을 지녀 허술하기 짝이 없다는 사실에 공감하고 글 속에 빠져듭니다. 그런 의미에서 이 졸고들이 생활인의 자연스런 글쓰기에 용기를 불어넣어 고단한 삶에 의욕이 샘솟듯 솟아나길 기원합니다.

2017년 11월

펴낸이 문정文庭 드림

contents

마음의 목소리를
고스라니 옮긴
솔직담백한 이야기

평범한 실버의 숨은 행복 찾기 2

윤성이

올해 초등학교에 입학한 외손자 정윤성은 조엔 K.롤링 원작의『해리포터와 마법사의 돌』영화 속 주인공인 해리포터를 꼭 빼닮았다. 윤성이는 유아기 세상의 궁금증을 끊임없이 질문했다.

"나무들은 왜 겨울이면 잎이 떨어지나요?"

"추운 겨울을 나기 위해서지."

"저 나무는 왜 푸른데요?"

"응, 그것은 잎이 침처럼 뾰쪽해서 겨울을 날 수 있단다."

"저 비행기는 왜 날지 못하고 저기 서 있는 거예요?"

"너무 오래 날아서 멈춰 있는 거야. 사람도 늙으면 힘이 없어서 멀리 못가고 집 부근에서 지내지."

글을 깨우치고는 끝없는 독서열이 주변 사람들을 당황하게 했고, 때론 비상한 기억력에 가족을 감탄하게 한다.

"외할아버지는 재미난 얘기를 해도 조금밖에 안 웃겨. 외할머니는 별거 아닌 일도 재미나게 얘기해."

"하하…."

"호호…."

어느 날 학교에서 은퇴한 사회 저명인사를 초청하여 어린이에게 꿈과 희망을 심어 주기 위한 특별 행사로, 법조계 유명 판사님을 모셔 와 정의로운 사회에 이바지하는 훌륭한 사람들의이야기를 들려주었다. 질문 시간에 윤성이가 손을 번쩍 들고는

"판사님도 파벌에 가담했나요?"

"파벌이라기보다는 서로 의견이 상충될 때 뜻을 같이하는 사람들끼리 서로의 주장을 굽히지 않고 논쟁을 가끔 하지요."

"그러면 권력 다툼에는 가담했나요? 정의의 편에, 명예를 얻기 위해 서셨나요?"

TV 뉴스를 보고 역사책을 읽으며 키운 어린 외손자의 비판

정신이 어른들을 부끄럽게 한다. 문득 하버드대 20년 연속 최고의 명강의 마이클샌들의 『정의란 무엇인가』에 나온 "공정과 평등 사이에 인간의 행복, 자유, 미덕을 느낄 때 바로 정의가 살아 있다."는 구절이 떠올랐다.

총명한 외손자가 미래의 한국을 살아갈 때는 정의로운 나라, 그리고 김구 선생의 『백범일지』 속 "오직 한없이 가지고 싶은 것은 높은 문화의 힘이다."라는 소원처럼 정의로운 문화가 융성하는 아름다운 세상을 이룩하기를, 외할아버지는 간절히 소망한다.

_ 2015년 5월

열병(熱病)

민경대 씨는 요즈음 신바람이 났다. 직장에서는 이사 승진 발령을 받았으며, 아내 몰래 예치해 온 적금 일천만 원이 만기되어 거액의 비상금이 흘러들었으니 만사형통, 올해 운수 대박이다.

'오직 일편단심 한 직장에 20여 년 몸 바쳐 40대 후반에 재벌그룹계열 B사에서 영업 실적을 인정받아 장래가 촉망되는, 군대로 치면 별을 달았으니 윗분을 잘 모시고 영업 실적만 순항한다면 3년 주기로 상무, 전무, 사장까지? 우와!'

드디어 피라미드의 정상에 오른다는 기분은 상상만 해도 하늘을 날아오를 듯하다. 점보비행을 꿈꾸다 갑자기 사무실의 웅성거림에 깨어났다. 정오 점심 휴식시간 알림벨 소리!

거래처에서 사전 점심 예약된 유명 일식집으로 향하는 발걸음이 가볍다. C회사 김 상무는 십년지기로, 동향 3년 후배이다. 언제나 민경대 씨를 깍듯이 선배 겸상사로 모셔 왔다. 올해 승진 소식과 동시에 축하화분을 회사로, 집으로 보내고 축하연을 대형 갈빗집에서 폼 나게 신경 써 줘 감동시킨다. 점심을 자연산 참도다리회로 산뜻하게 포도주를 곁들여 음미한 뒤, 커피숍에서 듣기 좋은 공치사가 이어진다.

"선배님 덕분에 회사도 저도 클 수 있도록 따뜻한 보살핌 부탁드립니다."

더불어 사장이 감사 표시로 금일봉 봉투까지 주어 받고 보니, 아닌 게 아니라 호박이 덩굴째로 굴러 들어온 기분이다. 날씨마저 화창해! 귀사 도중 L백화점 앞을 지나려다 '골프채 신상품 입하' 광고가 눈에 띈다.

'전엔 몸을 사려 왔으나 이젠 어엿한 스타가 되었으니 폼을 잡아야지. 아무렴!'

골프샵을 호기롭게 들어섰다. 신상품 레벨딱지가 선명하게 눈에 들어온다. 겔러웨이 특가 240만 원. 여태 중고링스 골프

채를 메고 실내연습장에서 틈틈이 기본기를 가다듬어 중역진에서 급한 용무로 귀빈 접대 대리 역할로 나서 하루 종일 뛰어다니면서도 미래 중역의 꿈을 잃지 않았다. 접대 골프는 실력이 모자랄수록 상대방이 즐거우니까 굳이 골프 스코어에 목매지 않았다.

'이제는 본때를 보여야지. 동창들 중에서 사회적으로 몇 손가락 안에 들었으니, 품위도 갖추고 골프 실력으로 기를 죽여서 다들 부러운 눈으로 보도록 돋보여야지! 암!'

친절한 점원의 아첨 발린 올해 신상품 한정 50세트 직수입 제품이어서 5년 보증서 첨부에다 골프공 2박스, 양피장갑, 양말, 골프 티, 모자, 조합선물 감사 증정 그리고 골프웨어가 빠질 수 없지! 잭니클라우스 상 · 하의 조끼도 포함, 그리고 골프는 발이 편해야 해. 풋조이 슈즈 OK. 사람만 국산이고 모두가 외제 명품브랜드로 때 빼고 광내고 삐까번쩍이다.

때는 바야흐로 꽃피고 새우는 화창한 봄 날씨 4월, 연초록 잔디가 페어웨이에 새싹이 움돋는 정경은 한 폭의 그림 같다. 예전 같으면 프로야구 시즌을 손꼽아 기다리거나 등산모임에 땀투성이가 되어 저녁에는 권주가에 노래방으로 휩쓸렸지만,

오늘부터는 환골탈퇴. 고상하게 시원스레 펼쳐진 초원 위에 백구를 날리며 캐디양들과 4~5시간 18홀 정규코스를 돌면서 친구들과 즐거운 농담 따먹기로 "참, 세상 살맛 나는구나!"를 연발하며, 야외 활동 후 몰래 단골 룸살롱에서 김 상무에게 무용담을 들려주며 마담Y와 즐길 계획에 도취되어 금세 NS클럽하우스에 도착했다.

"여! 오랜만일세. 승진 축하하며, 이젠 정식 멤버가 됐으니, 연회비 100만 원에 매월 경비는 당일 결산 각자 비용 부담일세."

면모를 보아 하니 재벌그룹이사, 은행지점장, 중소기업사장들이다. 친목 도모 및 사업 연계, 출세 명분으로 안성맞춤이다. 민경대 씨는 B조 손 지점장, 홍 지배인, 채 사장과 함께 어울렸다. 우리들 맨입에 공을 치면 영 재미가 없거든. 점에 만 원씩 내기로 하고 18홀 매치플레이! 자, 핸디 신고받기로 한다. 민경대 자존심이 있지…. 보기플레이어로 신고하자, 모두들 찬성! 노핸디캡 동일 조건 동급생 평등 조건이었다.

첫 홀. 농담 우스개는 사라지고, 긴장감이 감돈다. '딱' 소리와 함께 포물선을 그리며 홍이 쏘아올린 백구는 페어웨이 우측에이지에 안착, 손이 쏜 백구는 페어웨이 정중앙 180미터 장원이다. 채는 거리는 짧지만 평탄지점. 다음 샷이 유리한 지점이다.

민은 호흡을 가다듬고 연습스윙을 폼 나게 2번 한 뒤 힘차게 쏘아 올렸다. 순간 백구는 힘차게 솟구치다 왼쪽으로 휘어져 OB 말뚝너머로 사라져 버렸다. 접대 골프 같으면 멀리건으로 또 한 번 기회를 부여받아 새 골프채와 새 공이 낯가림을 한다고 어색한 분위기를 쉽게 넘어가지만, 이놈들은 묵묵부답이다. 아마 속으로 '2벌타 고소하다! 2만 원 벌고 GO!'라며 웃고 있을 것이다.

OB티에서 그린을 바라보니 또 욕심이 동한다. '멋지게 만회해야지!' 3번 만에 올려놓으니 한숨이 절로 나온다. '내리막 홀을잘해야 돼! 2퍼터 정신 차려!' 긴장감이 화를 불러와 홀을 비껴서 되로 주고 말로 받은 격이다. 얼굴이 홍조를 띄자, 함께한 친구 모두가 숨죽여 쳐다본다. 도대체 미들홀(파4)를 8번 만에 겨우 홀 아웃 했으니….

손이 파세이브(4), 홍이 보기(5), 채가 더블보기(6), 한 홀에서 9만 원을 잃었다. 돈이 문제가 아니라 체면이 말이 아니다. 홀을 거듭할수록 힘은 더 들어가고 공은 빗나가고 거리 측정, 방향성이 모두 엉망이다. 겨우 전반 9홀을 58타로 접고, 후반에서는 지치고 힘 빠져, 욕심을 버린 탓인지 49타로 마무리했다. 그나마 친구랍시고 벌금을 반타작하여 각자 10만 원씩 30만 원을 일시 보관한다는 명목으로 챙겨 갔다.

그늘집에서도 열불이 나 냉수곱배기를 먹고, 간식은 코로 들어가는지 입으로 들어가는지 모를 만큼 쓴 소태맛이다. 친구들의 위로에 건성으로 답하다 냉수샤워 후, 클럽하우스에서 손수 폭탄주를 만들어 3~4잔 먹고 나니 완전 악몽을 꾼 기분으로 쓸쓸히 귀가하려는데, 친구랍시고 음주운전은 안 된다며 대리가사를 불러 줘 무사히 돌아왔으나 도저히 잠을 이룰 수가 없었다.

'민경대 내가 누구인가! 어떻게 하든지 명예회복을 해야지.'

다음 날, 레인지가 긴 A골프연습장에 6개월 등록을 하고 유능한 인도어골프장 새미 프로에게 체계적인 강습과 체력 단련에 몰입하였다. 그러나 1개월 후 월례회 결과는 20만 원 결손, 3개월 후 16만 원, 6개월 후 12만 원 작살, 벌금 간격은 좁혀졌지만 보기플레이어 달성은 멀기만 했다.

민은 실망감과 골프 회의감에 젖어든 어느 날, 후배 소개로 프로골퍼 J씨를 소개받아 어렵게 성사되어 함께 실전라운딩을 했다. 민이 자문을 구하자 J왈,

"공을 때리려 하지 말고 스윙궤도에 공이 맞아 나가는 자기 나름의 궤적을 형성하여 점이 아닌 선으로 쳐야 골프 실력이 향상됩니다."

아니, 이 무슨 귀신 씻나락 까먹는 소리인가? 회사를 때려 치우고 골프장에서 살아?

'에이 쌍, 욕 나오네.나는 골프 체질이 아닌가 봐. 그런데 중역으로 출세하려면 사교상 골프를 그만둘 수는 없고…. 죽으라고 연습에 매달릴 수밖에 없구먼.'

골프연습장 벌레가 되니 아내의 성화에 자식들 눈치 보기가 쉽지 않다. 접대 골프라면 멀리건 2개에 3퍼트 없기면, 80대 중반 실력이지만, 정식 골프스코어 기록은 어쩌다 미친년 널뛰기식으로 컨디션이 최상일 때거나, 공이 미쳐 먼거리퍼팅도 쑥쑥 두어 번 홀컵에 사라지면 10년 체증이 뻥 뚫려 다음 주말이 기다려졌다.

봄과 여름이 가고 가을이 짙어 가는 어느 날, 민은 AC골프장에서 거래처 골프회합을 가졌다. 그런데 앞 조에서 플레이하는 넷 중 한 명이 친구 채 사장이 아닌가? 어디 한 번 잘 살펴보아야지. 그런데 채는 스코어 기록지 여분을 얻어 뒷면에 새겨진 골프장 홀 조감도를 열심히 체크하여 캐디양과 다정하게 말을 주고받으면서 힘을 빼고 물 흐르듯이 공을 쳐 나가는 게 아닌가. 거리보다 방향성을 중시하고 그린에서도 도우미양에게 거리 방향 제시를 받아 신중히 게임을 풀어 나갔다.

'그렇다! 저놈이 18홀 동안 OB는 1~2개인데, 나는 3~4개니까 2*2벌타 = 4점을 잃고, 홀당 퍼팅 수 평균 나는 2.5개인데 채는 2.2개다. 0.3*18홀 = 5.4점 도합 9점 차이가 난다. 그러니까 채는 80대 중반이면, 민은 90대 중반, 스코어 차이를 극복하지 못하고 내기에 판판이 돈을 잃고야 만다.'

골프이론서를 달달 외워도, 죽어라고 연습해도, 스코어가 개선되지 않는 이유를 왜 다들 캐디양을 언니라고 호칭하면서 옷맵시가 좋다느니 미스 NS라느니, 칭찬할 게 없으면 주근깨가 매력이라느니, 꾀꼬리 음성이 노래자랑 대상감이라느니, 입에 발린 아첨이 넘쳐나는지 짐작이 갔다. 그녀들은 골프장 지리적 여건과 함정을 속속들이 잘 알고 골퍼들의 실력을 단숨에 꿰뚫어 본다. 단, 그녀들도 경력에 비례하여 숙맥도 많다.

'역시 골프는 힘 빼는 데 3년 세월이 흐르고, 연륜이 쌓이고 돈을 투자한 대로 뭔가 스스로 깨쳐야지, 열정과 욕심으로 되는 게 아닌가 봐!'

올해 민정대 씨는 50을 바라보며, 공자는 40세에 불혹을 깨쳤다는데 아직도 물불을 가리지 않고 덤비는 골프열병 자신의 용기가 가상하다고 자조해 본다.

뿌리를 찾아서

사랑하는 손주, 준원아! 오늘은 우리 집 가문 경주최씨 뿌리 얘기를 들려주마. 먼저 1970년대 알렉스 헤일리의 대표작 『뿌리』는 서부 아프리카 감비아에서 노예로 납치되어 미국으로 온 소년 쿤타킨테와 그 후 200년간 그의 후손이 겪은 파란만장한 미국 흑인들의 뼈아픈 역사를 담은 이야기를, 7대손이 외할머니에게 들은 조상에 대한 이야기에 현지답사와 자료 조사로 재구성한 르포타주 문학의 걸작이란다.

최씨 보감에 따르면, 신라 혁거세를 왕으로 추대한 최소벌도리공의 24대손이 문창후 고운 최치원 시조님이시다. 선생은 868년(경문왕8) 12세 때당나라에 유학하여 7년 만에 18세의 나이로 빈공과에 장원급제, 879년 황소의 난 토벌 시지은 『격

황소서』는 명문으로 꼽힌다.

『계원필경』 20권 저술 후 885년 신라로 돌아와 헌강왕의 한림학사로 임명되어 외교문서의 작성을 담당하였으며, 그 당시 대숭복사 비명, 진감국사 비명을 지었으며 문장가로서 탁월한 능력을 당과 신라에서 인정받기는 했으나, 신라 말 골품제의 한계와 국정의 문란으로 자신의 뜻을 펼칠 수가 없었다.

이에 외직을 청하여 대산 함양 등지에 태수를 역임, 진성왕에게 시무책 10여조를 올렸으나 난세를 만나 세상을 구원하려는 포부를 마음껏 펼쳐 보지 못하는 자신의 불우함을 한탄하면서 관직에서 물러나 소요지방에서 지내다, 904년 해인사에 은거, 그 뒤 행적은 묘연하다.

선생은 유 · 불 · 선에 정통하고 이해가 깊었으며 고려시대 1020년(현종11) 내사령에 추종되고 공자묘에 종사되었으며, 1023년 문창후에 추봉되었다. 조선시대는 태인 무성서원, 경주 서악서원, 함양 백연서원, 영평 고운영당 등에 제향되었다. 이로써선생은 고려 · 조선시대 학자들의 추앙을 받았다.

요즈음 어찌할 길없는 인간의 허영심과 허위의식을 목격하며, 나의 머릿속에는 조선들이 섬세한 세상의 지혜를 소유하고 우연과 결합된 필연에서 그들의 운명을 구축하고 가족과 가문을 지켜 가는 것을 사명으로 모든 것을 받아들이면서 확고하고 때로는 추상적인 이상을, 그리고 생의 열정을 품을 수 있는 삶을 구현했다는 사실에 고개 숙여 흠향한다.

준원아! 할아버지는 네 증조부로부터 우리 선조의 위대한 업적을, 산소에 벌초 가거나 시사 때면 길을 오가며 항상 들어 왔었다.

중시조할아버지께서는 임진왜란 때경주 인근에서 의병장으로 활약하여 수많은 왜군에 대항하여 창칼로 백병전이 벌어졌을 때는 한 아름 나무를 뿌리째 뽑아 드는 역발산의 기개로 왜적을 물리쳤다는 이야기를 기억하고 있었단다.

1970년대 『뿌리』라는 르포타주 걸작이 한국에서 영상으로 출판계에 큰 물결로 회오리 칠 때, 할아버지도 조상에 대해 나의 뿌리에 대해 자세히 알고 싶은 욕구가 생겨나 족보를 구입하고 가보를 찾아서 문헌 출처를 검색하던 중 놀라운 사실을 알게 되어 후손들에게 조상의 위대함과 가문의 영광을 전하고 싶다.

계보는 경주최씨 시조 문창후(후 치원) 12세 중시조 사성공(휘 汭)파로 사성공예파 7세 정무공 최진립(가암파조)공의 자랑스런 후손이란다. 경주시 내남면 이조리 492에는 정무공 잠와 최진립의 충의당이 세워져 임진왜란, 정유왜란, 병자호란의 명장 최장군이 살았던 곳이며, 공의 3남 동량으로 이어지는 세계적인 명문가 교리 최부자가 지금의 교동으로 이주하기 전까지 이곳에서 만석꾼에 12대진사의 기틀을 마련했던 마을은 행주형국의 명당이란다.

공은 임진왜란 때아우인 계종과 함께 창의하여 전공을 세우고, 정유왜란 때권율 장군을 도와 울산 서생포전투공으로 선무원종 2등공신에 경원도호부사 공조참판을 역임하셨고, 병자호란 때는 70세 노령에도 용인험천에서 항전하다 순절하셨다. 자헌대부 병조판서에 추종되고 청백리에 기록되셨다.

장군은 63세에 공조참판 겸오위도총부 부총관으로 임명 종3품의 고위직임명이직이 무과 출신의 장군에게 내려진 것은 능력과 국왕의 신임이 두터웠음을 의미한다.『조선왕조실록』을 보면 국왕은 "최진립은 무인으로서 몸가짐이 청근했기 때문에 이직을 제수한 것이다."와 같이 기록되어 있다.공은 무인이면서 선비의 태도를 지녔기 때문이다.

공의 나라 사랑과 애민 애족은 1636년 병자호란 시 용인험천에서 적의 대군을 맞아 중과부족으로 최후를 맞게 되자 "너희들은 나를 따를 것 없다. 나는 여기서 한걸음도 물러나지 않고 죽을 것이다."라고 외쳤고, 그를 따르던 충복 옥동과 기별은 "주인이 목숨을 버려 충신이 되는데 어찌 우리들이 충노가 되지 않을 수 있겠습니까?"라고 항변하며 함께 목숨을 바쳤다.

나라에서는 최진립을 영원히 제사 지내는 '불천위'로 지정하고, 인조의 『사액제문』에서는 "국왕은 전참판 최진립의 영에 고하노니 공은 동국의 인걸이라 굳센 지조, 내 공경하여 성심으로 제주를 보내니 죽지 않는 영혼 흠향할지어다."라고 적고 있다.

종가에서는 충복의 영령을 기려 장군의 '불천위' 제사 뒤 상을 물려 이들의 제사를 지내고 있다. 반상의 구분이 엄격했던 조선시대에 양반이 상민도 아닌 종에게 최고의 경의를 표한 것이다.

인조 18년(1640) 정여를 명받아 세워진 정여비각이 있으며 용산서원에 배향하였다. 숙종 37년에는 '숭렬사우'라는 사액까지 내려지는 최고의 기림을 받았다. 당시 무신으로 사액서당 받은 곳은 이순신과 김시민 장군뿐, 그 뒤에 숭렬사는 용산서원으로 승격되었다. 조선시대 무인으로 향사된 경우는 희귀하였다.

당쟁(노론 남인 서인)의 시대에 당파를 뛰어넘는 추모 열기는 '최진립신도비' 건립으로 이어졌다. 그리고 『잠와선생실기』가 목판으로 간행되었고, 1975년에 국역되었다.

더욱 놀라운 사실은 최공이 심은 회나무가 1905년 갑자기 고사하였는데 그해 일제에 의한 국권 상실의 아픔을 겪었으며, 1945년 광복과 함께 소생했다는 점이다. 역사를 대관해서 볼 때 어느 시대나 어떤 경우에도 필연적인 힘과 사람의 힘을 뛰어넘는 이른바 천운 혹은 우연이라 할 수 있는 두 개의 요소가 작용함을 느낄 수 있다.

일을 꾸미는 것은 사람이지만, 일을 이루는 것은 하늘의 뜻이다. 손주 준원아! 너는 경주최씨 사성공파 31손이란다.

한국판 노블레스 오블리주

1600년 초 처음 가문을 일으킨 최진립 장군에서 광복 직후 모든 재산을 바쳐 대학을 설립한 최준까지, 300년 12대 만석의 재산을 유지하여 지금까지 이런 부자는 없었다.

최씨 일가는 소박하지만 끊임없는 혁신을 통하여 정당한 부를 축적한 명문으로 칭송받았다. 많은 선행을 행했을 뿐만 아니라, 독립운동의 후원과 역할을 통하여 지도층으로서 모범을 보였기 때문이다.

그리고 '재산은 분뇨와 같아서 한곳에 모아 두면 악취가 나서 견딜 수가 없고 골고루 사방에 뿌리면 거름이 되는 법이다.'라는 가르침을 바탕으로 어떤 상황에 처했을 때 가져야 할 올바른 정신자세를 구체적으로 제시한 6연과 6훈으로 베푸는 삶을 실천했다.

1. 학문 수행은 정진하되 부와 권력과욕은 삼가라.

2. 인심을 얻고 덕을 쌓아라.

3. 만석 이상의 재산은 사회에 환원하라.

4. 부지런함과 절약정신을 길러라.

5. 가난한 자의 고통을 도와라.

6 정보를 습득, 지식정보 경영하라.

이와 같은최부자의 실천 의지는 '중용'과 '의로움'이다.

스웨덴 국왕 구스타프 6세의 황태자 시절 최씨 종가를 방문 시전통음식으로 뜨겁게 환영하여 잊을 수 없는 인상을 남긴 기품 있는 명문가 가훈들은 모두 더불어 사는 상생의 삶을 일깨우고 있다. 흉년에 저당 잡힌 문서를 모두 불태우며, "갚을 사람이면 이런 담보가 없어도 갚을 것이고, 안 갚을 사람은 문서가 있어도 갚지 않을 것이다."라고 말한 것으로 유명하다.

마지막 최부자로 불리는 최준과 둘째 동생 최완은 독립유공자로 남아 1990년 건국훈장 애족장에 추서되었다. 백산 안희제(독립투사)와 최준의 만남은 부산 백산상회를 통해 이루어졌으며, 독립운동 자금을 상해 임시정부로 전달하였다. 그리고 해방 후에는 김구 선생의 치하를 받았다. 동생 최완은 상해 임시정부에서 일하다 일본 경찰에 체포되어 모진 고문 끝에 1921년 35세로 순국했다.

동생 최윤은 가문을 지키기 위해 형을 대신하여 일본 참의가 되는 오명을 뒤집어써 해방 뒤 반민특위에 끌려가기도 했다. 그 당시 조선총독부는 최준에게 중의원 참의를 강요하자, 동생 최윤이 '복숭아 대신 자두나무가 쓰러진다.'며 이를 수락했다. 만인의 귀감이 되는 형제애이다.

재물과 명예와 장수는 함께 가지기는 매우 힘들다. 그런데 경주 최부자는 300년 동안이를 유지 · 발전시키고 사회에 환원하여 백성들의 존경과 사랑을 받았다. 사람은 자기가 태어나고 자라난 그 토양의 산물이다. 그래서 우리는 사람을 볼 때 그 사람만의 독특한 매력을 느낀다.

할아버지는 산소에서오래 비석 곁에 서서 둘레를 돌아보았다. 후손을 위한 복을 기원하는 숭조사상은 대대로 이어 오기에 추석 성묘 후 나는 선조가 남긴 묘지의 석조물을 의미 있게 감상했다.

뛰는 남자 나는 여사

아침저녁으로 신선한 바람이 불어 운동하기 좋은 계절이다. 58세 정년퇴직일까지 D-100. 김무송 부장은 한숨을 몰아쉬며 회사 옥상에 올라 자판기에서 뽑은 커피 한 잔을 들고 매연 가득한 서울 빌딩숲을 하염없이 바라본다. 28세 입사통지에 한껏 부풀었던 대망은 모두 연기처럼 사라지고 퇴직 후의 생활 걱정에 한숨을 쉰다. 허망하다. 예상하지 않았던 바는 아니다.

10년 전부터 퇴직금 조기정산으로 1억 원을 찾아 부동산업자의 조언에 따라 재개발 소문이 무성했던 오송지구에 투자했더니 사기 분양에 속아 허공에 날려버리고, 이를 만회하려고 다시 1억 원을 은행 대출받아 주식투자에 뛰어들어 날마다 신문이며 컴퓨터 주식 시황에 눈독을 들이고 점심시간에는 햄버

거에 우유 한 잔으로 끼니를 때우고 가나증권회사 객장에 들러 증권정보지를 정독하고 서점에 들러 주식투자 재테크 관련 서적들을 꿰듯이 열공했지만, 몇 번의 시세 차익만 있었을 뿐 2년 내깡통계좌로 돌아섰다.

"퇴직금 정산을 하면 은행부채 1억 반제, 부동산 투기로 1억 소멸, 그럼잔액은 1억여 원…. 이걸로 몇 년을 버틸 수 있을까? 아! 정말 나란 인간은 무능력해. 회사 인간으로서는 중간 간부니까 쓸 만한지 모르지만 재테크에는 멍청이야!"

고향에서 집 지킴이를 했던 김일호는 새마을 금고이사장이요, 이성기는 군의원이요, 박선호는 제일식당 사장이다. 이젠 어쩐다? 대책이안 서는 사면초가요, 진퇴양난이다.

화창한 일요일 아침. 아내가 구수한 된장찌개에 집 나간 며느리도 돌아온다는 전어구이 아침상을 차려 놓고는,

"여보, 가을 날씨가 너무 좋아요. 우리 한번 나들이 갑시다. 한강변 드라이브해서 춘천 닭갈비가 먹고 싶어요.그리고 막국수도요."

김 부장 가만히 생각해 보니, 회사 일에 매달려 아내에게 소홀했던 지난날이 새삼 후회가 된다.

"그럴까?"

"그래요. 길 막히기 전에 바로 출발해요!"

모처럼만에 부부가 함께 가을 여행을 나서니 옛정이 새롭다. 그런데 출발 후 20분쯤 차가 덜컹거리더니 갓길에 멈춰 버리고 말았다.

"자가용 승용차 연령이 5년째라 재수가 없으려니, 분위기 잡쳤네, 뭔 일이 되는 게 하나 없어."

중얼거리며 보험회사에 연락을 하려고 차를 내려서니 옆길에 카센터 간판이 보인다. 아무런 말없이 아내는길 건너 수입차판매전시장을 물끄러미 바라보고 섰다.

"여보! 정비공에게 곧 출발할 수 있도록 간편 정비를 부탁했더니 1시간 내 고쳐 준다오."

"그래요, 그럼 우리 외제차 구경이나 합시다."

"여편네가 허파에 바람이 들었나? 괜히 백화점 명품 구경

갔다가 엄청난 가격에 마음만 상하고 돌아선 거, 기억 안나?"

"그래도 시간 때우기 좋고 시승할 절호의 찬스라고 쓰여 있네요. 공짜 커피도 마시고 좋잖아요."

김 부장 하는 수 없이 아내를 따라 전시장 문을 들어서니 마음이 스산하다. 친절한 안내양 말쑥하고 세련된 영업사원의 공손한 응대에 한껏 위축된 김 부장과 달리 아내 성 여사 왈,

"여보, 이 차 좀 봐요. 요즈음은 디젤승용차가 대세랍니다. 오프로드에 강한 남성미가 넘치는 GLK 멋있지요? 연비가 보통 승용차보다 2배가량 되고요, 차량 수명도 관리만 잘하면 8년은 끄떡없대요. 우리 이 차 한번 시승해 봐요, 네?"

'갈수록 태산이군. 이걸 어쩌지? 나중에 실망감은 어쩌고….'

고급 찻잔에 커피향이 물씬한 안내양의 상냥한 응대에 그래, 한번 타 보기로 한다.

'내가 주식투자나 부동산 투기 둘 중 하나만 당첨됐다면 이까짓 벤츠 중급 모델쯤은 눈 아래로 봤을 텐데….'

마음속으로 중얼거리며 간단한 조작 설명을 듣고는 시승. 아내는 어느새 옆자리에 앉는다. 남한강변을 따라 이어지는 드라이브코스에 낭만이 넘쳐난 듯 아내는 연신 만족한 웃음을 날리며 뒷좌석의 영업사원과 맞장구치며 곧 계약할 것처럼,

"그런데 현금으로 일시불하면 얼마나 할인받을 수 있나요?"
"네! 이번 주말까지 계약하면 5% 가능합니다. 사모님."

GLK 220 premium 6,100만 원. 김 부장의 머릿속은 어지러워진다.

'아,현모양처 내 마누라가 요즈음 잘나가는 수입상가 현숙이와 어울리더니 명품대열에 줄섰는가? 뱁새가 황새 따라가다간 가랑이가 찢어진다는데, 남편은 내일모레 목이 간당간당 재취업 자리도 물색하지 못했는데…. 아, 정말 못 말려. 에이, 쌍! 열불 나서 못 참아. 10년 전 아내의 성화에 금연을 했는데 왜 이렇게 담배 생각이 간절하지? 아니, 가만…. 저 자신만만한 여편네 좀 봐. 혹시 주택복권에 당첨된 건 아닐까? 설마….'

마침내 긴장된 분위기의 시승 절차를 끝내고 김 부장 얼른

전시매장을 나오려는데, 아내가 생글생글 웃으며

"여보, 오늘 우리 이 차로 계약해요?"
"글세, 곧 퇴직을 해야 하는데 고급승용차가 필요할까?"
"돈 걱정은 마세요. 제가 목돈 마련한 게 좀 있거든요. 이참에 당신 차도 고장이 잦은 거 같고요."

등을 떠밀다시피해 울며 겨자 먹기로 계약서에 서명을 하자, 아내는 선뜻 손가방에서 백 만원 수표 3장을 내놓는다. 그리고 차량 출고 일자를 체크한다. 잔금 정산 후 3주 내 집 앞으로 인도하겠다는 영업사원 응대에 수고했다며 가벼운 목례까지…?

'에잇! 맘대로 해! 나야 곧 백수인데 될 대로 되라지.'

신호등을 기다리며 길 건너 차량수리센터에 서 있는 낡은 자가용을 바라보니 꼭 자기 신세처럼 처량해 보인다. 그래도 정이 든 손때 묻은 애마인데 용도 폐기되기 전에 좋은 주인을 만나 잘 굴러갔으면….

'정말 대책이 안 서네. 앞으로 제대로 가장 노릇을 하려면 딸 아들 시집 장가도 보내야겠고, 고정 수입 없이 퇴직 잔금 1억여 원으로 아내와 뭘 먹고 살지? 국민연금 월 100만 원에 주택연금을 신청하는 게 나을까? 아파트를 담보로 2억 대출에 퇴직금 1억을 보태서 요즈음 한창 뜨는 맥치킨집을 오픈하면 설마 부부가 밥 굶기야 하려고…. 그래, 이젠 솔직히 아내에게 털어놓고 내 심정과 장래 계획을 상의해야지. 누구 하나 이런 골 때리는 문제를 진지하게 받아들이고 도울 상대는 역시 아내밖에 없어!'

집에 도착하자, 김 부장은 아파트상가에 들러 맥주 두 병과 소주 한 병, 닭튀김 한 마리를 사 들고 아내와 식탁에 마주 앉았다.

"여보, 당신도 알다시피 곧 내가 정년퇴직으로 백수 아니요. 당신이 어렵게 모은 돈이지만 덜컥 외제승용차를 사 버리면 뒷감당을 어쩌란 말이요? 이왕 저지른 일, 내일 취소하고 우리 앞으로 살아갈 방도를 모색해 봅시다."

아내 성 여사는 닭튀김을 먹기 좋게 찢어 놓고 맥주를 두 잔 가득 따른 후 원샷을 눈짓한다.

“저 역시 우리들 노후 문제와 자식들 장래 문제를 소홀히 할 수 있나요. 당신이 돈을 불리려고 부동산과 주식시장으로 동분서주하는 모습, 전화 통화로 퇴근 후 혼자 고심하는 모습을 보며 잘 알고 있었답니다. 나는요, 욕심을 버리고 멀리 보고 기다렸죠. 시집올 때 조그만 장롱 하나, 이불 한 채, 생활도구 몇 점이 전부였던 거, 당신 알죠?

20년 전 부모님이 차례로 돌아가시고, 큰오빠가 유산의 대부분을 물려받았지요. 가난한 여동생이 불쌍해 보였던지, 아무도 거들떠 보지 않던 잡초가 무성한 돌밭 100평을 선심 쓰셨지요. 당신도 관심 두지 않던 황폐한 농토를 처분한 돈 500만 원. 그 당시 수원과 기흥 부근에 삼성전자가 들어섰잖아요. 짧은 밑천으로 어림 반 푼이지요.

변두리 잡종지를 찾아보니 마침 내 물건이 되려는지 용인 민속촌 부근 허름한 초가 한 칸에 채마밭이 딸린 집이 매물로 나왔는데 1,000만 원이라 내가 부은 곗돈 500만 원을 보태서 사 놓았지요. 10년이 지난 후, 그 부근에 아파트가 들어서고 1억에서 2억으로 금빛 채색이 되더라고요. 그래도 참고 다음 투자처를 내심 물색했지요.

5년이 지나니 4억에 팔라고 부동산 성화에 노후에 전원주택을 지어 우리가 살 집터라 했더니 5억에 팔라는구려. 나는 몰랐지요, 그게 아파트부지에 알배기라는 사실을요. 그래도 그게 얼마예요? 거금 5억. 이건 부모님이 내게 물려주신 홍복이니 잘 지켜야겠다 생각하고는 부동산 시장에 발품을 팔았더니, 거짓말처럼 서울 제2명문 학원가 목동에 원룸 2채가 3억에 나왔더라고요. 그것을 내 명의로 계약하고 보니 보증금 5,000만 원에 월세 50만 원씩 2채는 보증금 1억 원에 월 100만 원 수입이 되더라고요."

자! 이 대목에서 우리 한 잔 더, 캬~! 세상에서 제일 맛깔나는 이 맛, 오케이 맥주.

"잔금 2억 원에 보증금 1억 원 합쳐 3억 원을 어디다 투자할까 생각해 보니 내 친구 성자 남편이 생각나더라고요. 증권투자로 신용불량자가 되어 시골 빈집에 낙향하여 자연인으로 새 삶을 개척한다고 우리들이 생활도구를 사들고 찾아갔지요. 친구 신세타령을 가만히 들어 보니 새겨들을 만하대요. 남편 투자증권 3년 불문율,

1) 수시로 갈아타지 말라. (수수료 수입 증권사 배불리기)

2) 큰손 외국인 투자자와 기관 투자자의 밥이 되지 말라. (적은 밑천으로 욕심은 금물)

3) 먼 미래 발전가능성에 투자하라.

저가 가끔씩 주중에 주부들 공짜 여행 가는 거 아시죠? 식음료회사 화장품 회사 홍보 목적으로 간편한 중식 음료 제공에 샘플까지 무료 제공, 덤으로 야외 바람 쏘이기 행사에 참가하며 그 회사의 장래성을 보았지요. 아는 만큼 보인다고 매출이 급증하고 시장이 깊고 넓고 투자부담이 적은 A화장품회사와 B식품회사를 점찍고 1억 5,000만 원씩 투자했지요. 마침 2008년 금융위기가 닥쳐 주가 하락세라 만족할 만큼 주식을 매입할 수가 있데요.

그런데 우리 한국만 금세금융위기를 극복하더니 중국의 호황에 한국 문화 콘텐츠가 먹혀들어, 한국 여성의 미모는 A화장품 날씬한 몸매는 B식품이라는 환상에 매출이 급등하자 덩달아 주가도 계속 상승 곡선을 그리고 배당도 쏠쏠했지요. 작년 연말에 모두 처분하니 7억여 원 되더라고요. 이걸 눈 딱 감고 S생명 종신 연금보험에 드니, 매월 340만 원씩 당신 월급만큼 나오더라고요.

여보! 이젠 안심하고, 당신 그동안 우리 식구 먹여 살리느라고 30년 세월 고생 많았소. 딸 아들 대학 졸업 후 제 나름대로 직장 생활에 열심이고, 자식들을 반듯하게 길렀으니 지금부터는 우리들 건강을 챙겨서 자식들에게 짐 되지 않는 게 제일 행복이랍니다."

"그래요, 정말 고맙소. 눈물 나도록…. 하늘에서 천사님을 보내셨네. 그런데 요즈음 딸 아들 시집·장가보내려면 퇴직금을 다 날려도 어렵다던데?"

"그런 걱정일랑 접어 두세요. 원룸 2채가 있잖아요. 우리도 방 한 칸 전셋집을 전전하며 살아왔는데, 젊은이들이 부모 도움으로 살아간다면 자식들의 능력과 사는 재미를 빼앗는 거라오. 최소한 원룸에서 출발해 2룸, 3룸 아파트 단독주택으로 도움닫기를 해야 저희들 정이 도탑고 부모의 은혜를 고마워할 거예요."

아! 나는 회사 우등생 사회 열등생이었구나! 꿈꾸는 은퇴설계, 행복한 노년.

동창(同窓)그리고 삶

동창, 그 느낌의 온유함, 우리가 남남이 아닌 정겨움. 그것은 아마 비슷한 환경에서 자라고 비슷한 사고방식의 생활철학을 공유함에서 비롯한 동질성에서 연유함이 아닐까?

민족상잔의 비극 속에 포탄껍데기나 헌 고무신을 전리품처럼 동네 어귀에 진열해 놓고, 잠뱅이 차림으로 엿장수 가위소리를 기다리는 유년기의 추억을 공유함이거나,

물오른 수양버들처럼 쭈욱쭉 성장하는 청소년기의 왕성한 식욕을 단팥죽에 국화빵을 뜯어 넣어 배고픔을 달래던 추억을 공유함이거나,

검정 물들인 군복바지에 목 잘린 군화를 빤짝빤짝 한껏 멋부린 추억 또한 동창 공유의 것이요.

대나무 장대에 갯지렁이도 피라미 몇 마리 건져 올려 초고추장에 회 쳐 먹고는 드러누워 흘러가는 구름 속에 신선 되고 한여름 뙤약볕에 물텀벙 검둥이 되고, 꿈결 같은 갈대밭 스쳐가는 바람 소리에 풋시안 되어 버린 옛 추억 또한 동창 공유의 것이요.

숙성한 딸아이의 옷맵시에서 집사람의 처녀 시절이 연상되고 입시 지옥에서 고뇌하는 아들의 어른스러움에서 나 자신의 청춘의 한때를 되돌아보는 것 또한 동창 공유의 느낌이요.

남의 일로만 알고 스쳐 지나쳐 온 동창의 영원한 작별 소식에 가슴이 철렁하고, 아직도 풋과일 같은 싱그러움과 덜 익은 애송이로 마음에 항상 간직해 왔던 동창 자녀들의 결혼 초대장을 받고는 고맙고 대견스러운 마음과 동시에저 한편으로는 신세대에 밀려나는 듯한 묘한 기분, 이것 또한 동창 공유의 감정인 것을….

쉼표 없이 앞으로만 달려온 50년, 그리고 기성세대란 낙인으로 목이 길어 슬픈 사슴처럼 청운의 꿈은 어디로? 행복을 찾으려고? 오복(五福)을 얻으려고?

환경공해로 오랜 삶(壽)도 고해요 쌓은 재물(富) 역시 언제나 무지갯빛 급격한 변화와 개혁의 물결 속에 쌓인 스트레스와 피곤으로 강녕(江寧)은 몸과 마음이 함께 지쳐 있고 유호덕(攸好德)은 살벌하고 냉엄한 정보와 시대에 넉넉하고 여유로운 인격은 낙오자가 십상이라 덕(德)을 쌓기는 더욱 어렵다. 오직 하나, 제명(命)대로 살다가 편안하게 죽을 고명종(考終命)을 기대해 볼 거나.

그러나 언제나 밝은 희망을 간직하면서 새로운 삶을 위해 고뇌하는 우리들 가끔은 삶의 뒤안길에서 한 잔 술에 아름다운 추억을 반추하는 것, 이것 또한 동창 공유의 뜻이요.

그러나 이제는 단순한 패기나 자만 따위로 허세를 부릴 나이가 아니다. 좋게 말해서 일할 수 있는 인생의 3분의 2를 살아온 셈이다. 내 나이에 내가 깜짝깜짝 놀라지 않을 수 없고, 가끔씩 후회와 강박감에 빠져듦도 오십대의 안정과 회안의 감회가 교차함, 이것 역시 동창 공유의 것이 아닐까?

흔히들 10대는 부모 덕으로 보내고 20대는 학구열에 불타고 30대는 명예욕에 불타고 40대는 부(富)의 축적에 정신없이 보내고 50대는 자식 자랑에 푼수 되고 60대는 처(마누라) 자랑에 바보 되고 70대는 건강을 자랑하라고 하는데, 반세기 세월을 지나고 보니 내 본성대로 살아온 것이 아니라 무슨 큰 힘에 이끌려 타성으로 들떠 살아온 삶이 나 자신이 왜소해 보이고 왠지 손해 본 느낌은, 나만이 아닌 이것 또한 동창 공유의 것이 아닐까?

지금껏 우리들의 삶은 쟁취의 삶이었으며 자신을 남에게 보이기 위한 외면적인 삶을 살아왔다면 이제부터는 남에게 관대한 양보의 삶이며 나에게는 엄격한 나의 내면을 다스리는 지혜의 삶을 살고픈 희망사항도 나만이 아닌 동창 공유의 것이 아닐까?

이것이 찬란한 봄을 찾아 나섰다가 반세기 만에 고향의 낡은 교정에 들어서니, 봄은 바로 백양나무 아래에 있었음이 아닌가? 이것이 늦깎이 철들었음인지 횡설수설인지 나도 모르겠음도 동창 공유의 것이 아닐는지?

분명 삶의 여정, 그것은 괴롭고 어려운 일이기에 그저 열심히 살아간다는 것, 그 하루하루가 보람이며 기쁨이라는 것 그리고 비슷한 생각과 행동방식으로 살아가는 살겨운 동창이 늘 가까운 곳에 존재한다는 것 또한 공유의 멋이 아닐는지.

사람은 누구나 결국은 자기 소리만 하게 마련인가 보다. 어쩔 수 없이 자기 좋도록 생각하고 자기 편리에 따라 집착하고 살아갈 뿐인 것을….

_ 1994년 6월

23년 전 초고, 서투른 글

내몽고 기행

세계는 관광 상품의 물결로 넘쳐나고, 모든 운송수단의 발달은 시간과 공간을 파괴하여 창밖으로 빠르게 스쳐 지나가는 풍경들은 현실감을 상실한 채 지방색과 민족 고유의 풍습을 점차로 잃어 가고 있었다.

여행이란 그 지방 사람들과 문화와 교류하며 지루한 일상생활을 탈피한 체험 관광을 즐기는 것이다. 윤달이 겹친 해 무더위는 기승을 떨어 4박 5일 짧은 일정으로 견문을 넓힐 겸, 내몽고 자치구를 방문하여 심신의 피로를 다스리기로 하고 길을 나섰다.

약 118만 평방킬로미터, 평균 해발 1,000미터 이상의 고원지대에 끝없는 대평원은 저습지와 소택지 사막지대로 이어졌고, 칭기즈칸의 말발굽이 유라시아를 호령한 '말 등에서 태어나 자라고 죽음을 맞는' 독특한 매력의 유목문화와 더불어 자연 풍광이 끝없이 펼쳐진 광야를 스쳐보면서 황무지가 대부분이었지만 "대륙은 참으로 넓고 크구나!" 감탄하였다.

대부분의 숲이 사라진 초원은 사막의 모래바람을 타고 생성한 황사가 중국내륙을 횡단하여 우리나라를 덮쳐 농작물과 건강에 피해를 준다고 생각하다가 문득 '중국의 동북공정이 황사처럼 우리의 경제와 국토 안위에 어떤 영향을 미칠지?' 염려스러운 마음이 앞선다.

몽고전통가옥 몽골포에서의 환영식과 몽고전통씨름, 말 경주, 마상전투 등도 대평원에서는 너무나 보잘것없는 인간의 광대 짓이 아니던가?

다음 날 새벽, 광야의 어둠을 깨고 동이 터오르는 신성한 의식에 의해 해오름을 보았다. 12세기 세계를 제패한 칸의 태양은 몽골 말을 타고 끝없는 대평원의 절개지서 바라본 영웅의 기상이었을까? 동족의 단합과 진취성을 타 종교, 외국문화를 함께 아우르며 포용한 칸의 웅지는 광활한 대지에서 작열하는 태양과 양고기 샤브샤브와 질풍노도와 같은 바람 속에서 길러진 힘이었던가?

내몽고 현실은 문명의 잣대로는 후진 소수민족이지만, 몽고반점은 우리 부모, 형제자매의 옛 모습을 닮아 있었다. 그러나 나를 생활이 불편한 곳에 두고 행복을 아는 길에 대해 생각해 보니, 선진과학 문명은 삶의 질적 수순을 높여 주고 편의를 누리게 하지만 그에 따른 많은 부작용으로 인한, 자연의 오염, 인재(人災)를 낳았으며, 과연 문화인으로 행복한지를 자문해 본다.

자연 속에서 모든 것을 본 사람은 번민이 사라진다고 하는데, 광야에선 나는 너무나 초라한 존재임을 깨닫는다. 그리고 대자연의 위압감에 태곳적 음향이 메아리쳐 왔다.

지금 우리들은 삶의 여유를 잃고 짧은 시간 내에 강한 자극과 향락을 즐기려고만 하지 않는가? 경제적 효율성을 따지는데 길들여진 우리들 기성세대들은 항상 불안이라는 강박 관념을 떨쳐 버리지 못하고 생각할 겨를이 없어진 것은 아닐까? 항상 자기가 중요한 사람으로 완벽한 연출 분위기를 원하다 보니 얼마나 피곤하고 괴로웠는지를 육신이 노쇠하고 병들었어야 깨닫는 것일까?

삶은 우리가 하는 생각들과 함께 형성된다고 한다. 자신이 믿은 꿈을 현실로 만들어 버린 무한 열정의 칭기즈칸을 생각하며, 거칠고 경이로운 세계의 영웅호걸도 대제국도 이 세상에 영원한 것은 없다는 진실을 되새김한다. 자신의 무덤조차 감추어 버린 전설….

어차피 우리들의 확실한 목적지는 차가운 땅속이 아니던가? 대자연 광야는 우리들에게 영악하지 말고 선하게 끈기 있게 합리적으로 살아가라고 고해 속의 나를 일깨운다.

_ 2006년 8월 말

벽

오늘도 김 여사의 심기는 불편하다. 먼저 간 남편 故 강일도 씨의 기제사 상차림을 혼자서 정성껏 마련해 놓고, 아들 내외가 시간 맞춰 오기를 조바심한다.

"부모 없는 자식은 하늘에서 떨어졌는가? 조상 숭배는 자식된 도리이지, 무슨 놈의 서양 종교에 물들어 예수쟁이는 부모 제사를 귀신 보듯 절을 하지 않고 메도 술도 올리지 않고 오직 기도만 한다오." 여보!

한 가지를 보면 열 가지를 안다고, 새며느리 서양 풍습에 빠져 남편 공양을 할 줄 아나, 제 몸단장에 열심히요, 남편이 힘들어 벌어 온 월급은 외식비로, 또아파트 관리비로, 철마다 양장 · 명품 구색 갖추기, 친정 나들이는 생쥐 쥐구멍 찾기로 뻔

질나지만 시가집 방문은 일 년 설 · 추석 방문이 고작이요 시어미 생일은 아들이 미리 예약해 둔 한정식점이 최선이라오.

참으로 세상은 말세예요. 그렇게 착한 아들이 연애를 하고 여자를 알더니 부모를 거스르고 태도를 돌변할 줄이야. 여우 같은 년을 만나더니 예수에 빠져 술 담배를 끊은 것은 백번 잘했다지만, 어떻게 나온 구멍은 모르고 들어가는 구멍만 아는 걸까요? 결혼은 비슷한 환경에서 자란 남녀가 제일 무난하고 행복하거늘…. 새며느리 외골수 하느님 전도와 찬양에만 일생사업이고, 가정생활은 뒷전이니 앞일이 캄캄할 수밖에 없어 낭패랍니다.

여보! 자식은 내 맘대로 안 된다더니, 배우 배용준을 빼닮은 내 아들 집 냉장고엔 가공식품들만 가득하고, 아침 식사는 잼을 바른 식빵에 우유 한 잔, 토스트에 커피 한 잔, 야채샌드위치에 과일주스 한 잔, 점심은 회사 식당에서 해결하고, 저녁은 잔무 처리에 야식을 겸하니 기초체력이 떨어지고, 살이 빠지고 얼굴이 말라 키 큰 허우대가 위태롭다오. 이를 어쩌면 좋지요? 그런데 며느리 하는 말본새 좀 보소. 살찌는 건 쉬워도 정상체중을 유지하기는 힘들다면서 '혈압 당뇨 체크는 수시로, 그리고 소식 위주로'랍니다.

거기다 며느리 음식 솜씨가 없으니 주말에는 매번 서양 요리 외식 순례라니 기가 막혀요. 아들이 출근하고 나면 커피숍에 몰려가 시사토론회에 참석하고는 가똑똑이가 되어 끼리끼리 몰려다닌다오. 교회 행사 모임에는 적극성을 띄어 일요일 예배에는 꼭 아들을 대동하고, 교우회 모임에는 우등생이라오. 밉상 며느리는 내가 불교신자인 것이 불만이고 조상숭배를 하는 것이 매우 못마땅하다오. 그러니 시어미를 야차 보듯 피하는 것이 상책이라 생각하고, 물질적 도움이나 친인척 대소사에는 제 남편을 내세운다오."

물과 불같은 고부 갈등이 계속되던 다음 해 봄날, 김 여사에게 희소식이 날아들었다. 몸매가 가냘파 며느리의 태기를 눈치 채지 못했는데, 떡두꺼비 같은 손자가 태어났다.

"여보! 고놈이 어떻게 어미와 할미 사이가 나쁜 걸 아는지, 두 사람 끈을 이어 놓는 복덩이라오. 맞선을 보고 반눈에도 차지 않는 며느리와 아들의 결혼 강행에 전생에 인연이거니, 생각하고 유명철학관에 들러 점괘를 뽑아 보니 '손자는 똑똑하고 훌륭한 사람이 될 테니 결혼을 하도록 내버려 두고, 손자가 부모와 자식을 엮어 주는 역할을 한다.'는 예언에 위안을 삼았지요."

과연 할미를 보면 방긋 웃음을 띠고 엉금엉금 기어 와 포근히 품에 안겨 잠들 때면 꿈만 같은 현실에 김 여사의 새로운 취미가 생겨났다. 백화점 남대문시장 아가방에 들러 옷가지, 모자, 신발, 양말, 장갑, 장난감을 눈대중으로 색상과 최신 유행을 골라 쇼핑백에 담은 다음, 손주 볼 날을 손꼽아 본다. 그리고 친구 이 여사가 한 말을 되씹어 본다.

'자식들은 반듯하게 키워 저희들끼리 잘 살아 주면 효도하는 것이야! 그리고 시어미 용심은 하늘이 낸다지 않소?'

시어미로서의 최소한의 권위와 효도를 바라는 며느리상이 용납될 수없는 시대일까? 노인대학 최 강사의 강의도 떠올려 본다.

'애정도 없고 의무와 책임만 지워 주는 존재가 시부모이고, 안 그런 척하면서 감시 또는 비평의 눈길을 보내는 시어머니는 아예 안 받고 안 보고 상관 안 하는 게 낫다는 요즈음 고부갈등의 며느리 생각입니다.'

"여보! 세상은 무섭게 변하는데, 나만 홀로 섬에 남은 기분인 걸 어쩌지요?"

고부 사이의 감정의 벽. 시어미와 며느리는 서로 이해 못하고 그래서 다들 우울해지고 외로워진다면, 그 벽을 허물기 위해 김 여사는 며느리 위신을 세워 주고 감싸 주기로 결심했다. 미운털을 뽑아내고 손주 재롱을 만끽하며 내 안의 행복을 찾기로…. 이번 주말엔 본인 장례비용으로 모아 둔 이천만 원에서 이백만 원을 찾아 며느리에게 백화점에서 명품백을 사 주기로 마음 다짐한다.

"여보! 3대 봉사는 당신 살아생전에 다 마쳤으니 내 살아생전에 힘자라는 대로 당신 기제사에 메와 술은 잊지 않고 올릴 테니 걱정 마오. 우리 손자 당신 핏줄을 이어 가게 됐으니, 나도 조상님께 면목이 서고 큰 시름을 덜었구려! 이참에 시대가 변했으니, 아들 며느리가 원하는 대로 제사를 모시지 않아도 용서를 하려니 당신도 이해를 하구려."

마지막 여행, 잊지 못할 선물 〈동경 가족〉

신문 방송에서 들려오는 패륜아 소식, 까마득히 잊힌 송파 세 모녀의 죽음. 친구들에게 세상 살맛이 없다고 하자, 이도 저도 안 될 때는 조금만 기울어져 보라고 한다. 사는 일이 채우고 비우기 아니냐며…. 그럴 때 우리 부부는 손을 마주 잡고 가족 애환이 잘 엮인 명화를 찾는다.

일본의 거장 감독 야마다요지의 〈동경 가족〉은 가족에 대한 의미를 되새기게 한다. 이 영화는 노년의 당신에게 "가장 소중한 사람은 누구입니까?" 하는 질문을 던진다. 주제는 세상은 변해도 사람은 변하지 않는다는 것. 세상 사람들의 심금을 울린 노부부의 일주일간 도쿄 여행이 시작된다!

작은 섬에 살고 있는 히라야마 부부가 자식들과 상봉하기 위해 도쿄로 온다. 의사인 큰아들과 미용실을 운영하는 둘째 딸은 바쁘다는 핑계로 호텔 숙박을 권유하나, 사람이 그리운 노부부는 헤어져 각자의 길로 향한다.

영감은 고향 친구를 만나 도시의 비정함에 실망하고, 아무도 방문을 반겨 주는 이 없어 숙식하면서 옛날을 회상한다. 꿈이 산산조각이 나자 10년 금주 약속을 깨트리고 새벽까지 통음하며 울분을 달랜다. 한편 아내는 철없는 막내아들의 원룸에 들러 가사를 돌보며 아들 쑈지와 여자 친구 노리꼬의 정답고 순진한 참모습에 행복감에 젖는다.

그러나 갑자기 닥친 아내의 급서로 히라야마는 아내의 유골함을 안고 귀향하게 된다. 부모는 언제나 자식들, 손자들과 고향에서 살고 싶어 했다. 그리고 이어지는 히로야마의 넋두리. “자식은 부모의 뜻대로 되지 않는구려.”

노인대국 일본은 거미줄 연금제도로 여유로운 노년이라지만, 가족에게 폐를 끼치지 않고 비슷한 처지의 동료들이 있어 요양원에 있는 시간이 행복하다고 한다. 우리는 너무 타인의 시선을 의식한다. 자유인으로 살기 위해서는 정념에 휘둘려 가족의 노예가 되지 않아야 한다.

서울과 도쿄는 만원이다. 좁은 거주 공간 속에서의 생활, 분초를 다투는 디지털문명, 그리고 출혈경쟁사회 속에서 인간의 정은 멀어만 가고, 향수에 젖어 사는 노인들은 생활고보다 고독에 몸서리친다. 참사람이 그립다.

스스로 책임지는 어른이라도 우리는 늘 의지할 대상을 찾는다. 그리고 상대방을 독립된 인격체가 아닌 욕망의 대상으로 만들려는 과정에서 의존의 상처가 만들어지는 것인지도 모른다.

실버의 행복

우리 시대의 가장은 고달프다. 한 가족의 부양을 위해 온몸으로 고투하는 그들이 딛고 서 있는 땅은 메마르고 안개 또한 자욱하다. 좀처럼 풀릴 줄 모르는 경제 한파가 그들의 어깨를 한없이 무겁게 한다. 가장의 권위가 사라진 것은 오랜 일, 먹고사는 일의 지엄한 논리가 때로는 사람을 비굴하게 만들기도 한다.

실버의 행복한 은신처인 가정이 흔들린다는 것은 존재의 전부가 흔들리는 것이다. 자식들이 둥지를 떠난 후 텅 빈 집안에서 마음의 허전함과 함께 지난 세월을 열심히 살아 준 아내의 내조에 대한 고마움이 교차한다. 사실 자식들은 성장하면서 귀여운 행동으로, 또 자랑스런 모습으로 효도를 다한 것. 이제 귀여운 손자녀들의 양육은 자녀들에게 맡기고 귀한 손님으로 맞이한다.

자녀들은 지식 정보의 첨단이며, 혁신과 정열의 상징들이다. 그들이 국가와 사회를 재창조 중임을 깨닫고, 그들을 돕는 방법을 궁리하자. 모든 가치기준을 우리 시대에 맞추어서는 항상 괴로울 뿐이다. 라디오가 TV에 밀려났고 또 인터넷에 밀려났으며, 미래엔 로봇과 복제인간에 밀려남은 시대의 흐름 아닌가.

어차피 역사의 흐름을 되돌릴 수 없다면 빨리 적응하거나 순응해야 할 텐데…. 노회한 정객들이 시대의 흐름을 읽지 못하고 정계은퇴를 미루는 모습들은 얼마나 안타깝고 추한가. 지난 생을 통해 안다는 것과 깨닫는다는 것은 곧 삶과 죽음, 빛과 어둠, 사람과 자연 등 모든 것들이 경계를 넘어 하나가 된다는 것일 텐데 우리는 모든 것을 수용하고 이해하고 용서할 줄 모르니 항상 고통스럽다.

그리고 사회적 인식이나 개인적 선입관이 항상 나의 시야를 좁히고 편협된 생각을 갖게 한다. 겨울나무들은 무성했던 나뭇잎들을 벗어던져야 추운 겨울을 견디고 살아남는다는 사실을 누구나 알고 있지 않는가? 동물들도 본능적으로 새끼들이 먹이사냥을 할 수 있다고 판단되면 영역에서 추방하여 그들의 유전자를 멀리 확장하려는 신의 섭리를 충실히 이행하지 않던가? 왜 실버들이 욕망의 덫에 걸려 시기를 놓치고 괴로워하는지….

나는 항상 사회의 변화에 나의 행동양식이 가장 자연스럽고 옳은 것이라는 관념의 틀 속에서, 세상의 가치관이 변하고 예측한 것과 상반된 방향으로 변화할 때 비로소 기성세대임을 자각한다. 이제는 자녀들을 깊은 애정과 관심으로 인정하고 열린 마음으로 맞아들이자.

지난 세월 모든 일들은 자의든 타의든 선택 아니었던가? 사회적 짐을 많이 지면 나의 소중한 시간을 빼앗기고 가정을 잊어버리고, 심신 또한 얼마나 괴롭던가. 부의 욕망은 끊임없이 부정의 길이나 투기로 유혹하지 않던가. 명예는 우리의 본성을 얼마나 편파적으로 행동하게 하던가.

비행기를 타고 거시적으로 세상을 바라보거나 등산의 과정에서 자연과 하나 되어 미시적으로 세상을 관찰하거나 우리는 살아온 경험과 지혜의 눈으로 신의 섭리를 경외심으로 바라보자. 어떤 면에서 지식은 사물을 더 좁고 적게 보는지도 모른다. 미래 미지의 세계에 대한 불안과 급속히 변화하는 물질세계의 속도를 따라잡지 못하는 데서 생기는 두려움은 어쩔 수 없다.

그런데 우리가 개인의 지난 삶을 엿보는 것은 참 흥미로운 일이다. 60대 도공(陶工)이 평생을 통해 청자의 빛깔을 재현한 그 감격을 우리는 공유하지 못하고 40~50대 중심의 NASA 과학자들이 수많은 분야에서 서로 협력하여 미지의 세계에 화성 탐사선을 착륙시킨 뒤, 그곳의 현상 사진을 전송해 왔을 때의 환희를 깊이 알지 못한다.

실버들의 일상을 살아가는 현실적 자세는 남은 세월 동안 자기가 제일 좋아하는 것에 몰두하는 것이며, 이것이야말로 삶의 보람이 아닐까? 그리고 아내를 돕는 것과 이해하는 것은 가정의 행복과 아내의 소중함을 깨우치는 것이다. 그 누가 아무리 중하고 친하다고 하더라도 오랜 세월을 함께 살자고 하지는 않을 테니 말이다.

치열한 삶의 경쟁에서 운명의 긴 터널을 통과한 지금 우리 사회는 실버들에게 더 이상 많은 것을 기대하지 않는다. 그리고 조직사회로부터 간섭을 받거나 명령을 할 필요가 없어졌다. 넓은 외부세계로부터 평범한 일상의 세계로 돌아왔기 때문이다.

청년기의 열정, 도전, 성취욕구는 끝 간 데 없었고 장년기의 여유로움은 새로운 도약과 물질세계의 풍성함이라면, 신노년기에는 정신세계, 내 마음밭을 일구어 수확의 풍성함을 마음껏 향유하자. 사람을 사랑하는 것과 내가 하고 싶은 것을 하고 있다는 그 자체가 나의 존재 이유다.

_ 2004년
입춘을 맞으며

가슴에 담은 금강산

을유생 동갑내기의 금강산 유람은 행운의 연속이었다. 청명한 날씨는 여행의 쾌적함을 더하고, 계획된 일정에 무사귀향까지, 힘든 길에 만난 휴식 같은 믿음직한 동기들이 늘 함께 해 가파른 등산길도 웃으며 완주할 수 있어 행복했다.

우리가 사는 땅 선조들이 이룩해 온 문화와 잊어서는 안 될 역사들, 캐내고 가꾸어야 할 이 땅의 정신과 얼을 되새기면서 분단 반세기를 더 지나 북녘 땅 금강산을 찾았다. 우거진 소나무 숲 사이로 물 맑은 계곡과 기암괴석들, 산세도 사람을 닮아 한국적인 멋과 정취를 간직한 그 아름다움에 넋을 잃고 말았다.

친구K 왈, "우리 이 절경을 배경으로 기념사진을 찍자!" 그래서 '위대한 김일성 · 김정일 동지' 구호를 가리고 한 컷 담았다. 그 순간 "동무들! 불순한 언동을 삼가시오!" 모두들 화들짝 놀라 위를 쳐다보았다. 감시초병이 위에서 우리 일행을 눈여겨보고 있을 줄이야…. 황망창조 침묵으로 그 자리를 벗어났다.

동족 간 전쟁의 고통과 후유증을 겪고서 그 상처를 아물려고 그토록 긴 세월을 보냈던가? 이데올로기의 대립시대를 지나 동서 간의 경계가 무너지고 경제의 시대가 도래한 이때, 과거의 냉전논리를 어떻게 극복할 것인가? '분단'이라는 주제와 관련하여 우리들 앞으로는 한(恨)의 세계와 이데올로기에서 민족사적 갈등과 모순 구조를 어떻게 풀 것인가? 물음표만 가득한, 참으로 어려운 숙제이다.

고요한 정적에 싸여 있는 산은 황장목이 푸르름을 더하고 황홀한 단풍은 한 해의 미련을 매달고 섰다. 풍악은 사물 자체에는 깨끗함도 더러움도 없음을 인간의 삶에 용해시키려, 웅대하고 장쾌한 물폭탄의 구룡폭포에 세상의 모든 시비 소리를 묻어 두고 있었다. 나무꾼과 선녀의 전설이 깃든 상필담에서 속진을 씻어 내고 고요한 호수 삼일포에서 언제나 흔들리는 마음을 다스리고 싶었다.

천상의 하늘문을 향하여 모든 유정물, 무정물이 내달리다 혼(魂)이 가벼운 것들이 신(神)이 되고, 백(魄)이 무거운 것들은 화석(化石)이 되어 만물상이 되었구나. 보는 이의 마음 따라 새로운 생명체로 탄생하여 세상 만물이 살아 움직이는 듯한 일만 이천 봉의 군상들. 신의 습작은 계속된다.

아직도 업장을 떨쳐 버리려 음기의 껍질을 벗겨서 금강계곡에 바윗돌을 빚어내고 폭포 소리에 마음을 열어 승천의 날을 기다리는구나. 선경과 같은 이곳에 누가 절을 지었을까? 신계사에서 다음 세대에서는 4대 강국(미국 · 중국 · 일본 · 러시아)을 설득하여, 스위스처럼 영구중립 통일조국 소원이 이뤄지기를 염원해 본다.

_ 2005년 11월 4일

고향 친구와 '빠삐따'

"여보! 딸기 싸 왔어. 어제 딸기가 먹고 싶다고 했잖아. 그런데 내 친구 자성이가 남들은 2통씩인데 나는 3통을 챙겼다고 나만 제쳐둔 채 셈을 하곤 셋이서 나눠 갖잖아! 아, 샘나. 그런데 이상한 것은 딸기든 단감이든 못 먹어서가 아니라 초록은 동색이라고 비닐봉투에 똑같이 싸 갖고 가는 무게감이 행복감처럼 느껴져서 삐친 거야!

그건 무슨 문제냐 하면, 손자 자랑에 뭔가 보태서 구색을 맞춰야 직성이 풀린다는 이야기와 동급인 거지. 왜? 이상해? 그러니까 이를테면 집에는 더 맛있는 닭갈비찜이나 조기매운탕이 있어도 친구끼리 술 먹다 마지막 남은 오소리감투 한 점을 누구 몫으로 챙겨 줄 때, 나는 배부른데도 이상하게 정이 고픈 거지. 마냥 사양하다가도 챙겨 주는 놈과 챙겨 받는 놈들에 괜히 심술 나는 거.”

문득 어제 인터넷 인기 검색어 ‘빠삐따’가 떠오른다. 나이 든 사람이 주위로부터 사랑을 받으며 더불어 즐겁게 살아가는 덕목에 ‘모임에는 빠지지 말고 어쨌든 삐치지 말고 어떤 경우에도 따지지 말라’고 했다. 고향 친구 넷이서 월초 모임으로 서울대공원 둘레길을 걸었는데, 동심으로 돌아가 허물없는 얘기가 샘처럼 솟아났다.

은퇴 후 노년의 삶의 변화 중 하나는 친구와 시장 나들이가 어색하지 않다는 것이다. 산책하다 지치거나 배가 고프면 향토음식 순례에는 어김없이 의견의 일치를 본다는 것이다. 재래시장에 들러 순대국밥에 머리고기 한 접시, 포장마차에 들러 곰장어구이에 소주 한 병, 빈대떡에 부추전 시루떡도 한 점씩, 노년의 삶엔 사사로운 추억이 더 소중하다. 달콤했던 내 유년의 삶, 가난했던 시절의 먹거리들…. 추억의 절반은 맛이다.

_ 2014년 2월 7일

목메달 금메달

“친구 S야! 지난달 모임을 거르고 천안 아들네 집에 내외가 출산 도우미로 다녀왔다며?”

“응.”

“손주가 딸? 아들? 어느 쪽이야?”

“그게 말이야… 목메달이지, 뭐. 서운하지만 삼신할미가 점지해 준 걸.”

요즈음 아들 둘은 ‘목메달’이란다. 알파걸시대, 베타보이 키우기는 모험인가? 딸은 크면 엄마랑 친구가 되지만 아들은 클수록 엄마랑 멀어진다고 한다. 그리고 현대사회에서 여성이 두각을 나타내고 있어 사회 풍조가 여아 선호로 바뀌었으며, 아들은 장가가면 사돈이 된다는 말도 있다고 한다.

떠도는 유머에 따르면, 딸 둘에 아들 하나면 금메달, 딸 둘이면 은메달, 딸 하나에 아들 하나면 동메달, 아들 둘이면 목메달이란다. 여기에 목메달 엄마는 우울증이나 쇼핑중독에 걸릴 확률이 높다는 풍문까지 들린다. 그래서 외자녀 가정이 늘어나고 교육 과열과 날로 취업 경쟁은 심해졌는데, 목메달 부모는 자식이 결혼 적령기가 되면 마음고생이 이만저만이 아니다.

전세난에 세상이 요구하는 결혼 조건은 더욱 까다로워졌다. 그나마 장가간 아들은 희미한 옛사랑의 그림자일 뿐 며느리는 가까이하기엔 너무나 먼 당신이고, 딸은 아직도 그대는 내 사랑이란다. 심지어 재산가 늙은 부모가 아들에게 재물을 안 주면 맞아 죽고, 반만 주면 목 졸려 죽고 다 주면 굶어 죽는다는 괴소문에, 돈 잘 버는 아들은 사돈의 아들, 빚진 아들은 내 아들 된다는 SNS 통신에는 말문이 막힌다.

과거의 가부장제도에서 급격한 경제 성장과 함께 민주화 바람을 탄 여권 신장 탓이다. 자식을 든든한 울타리로 생각했던 조상님들은 아들이 아니면 대를 잇지 못할까 봐 씨받이 아니면 양자를 들이기까지 했다. 급변하는 세상은 남녀평등에서 여성상위시대로 향하고, 아들딸 구별 없이 상속하는 제도가

시행되고 있다.

실버들은 자식들이 배우자 만나서 저희들만 잘 살아 주는 것이 효이고 손자녀 구별 없이 낳아만 준다면 복이려니, 무엇을 더 바라겠는가?

"친구 S야! 40년을 거슬러 가면 아들 둘은 금메달이었고, 20년을 거슬러 가면 아들 하나 딸 하나가 금메달이었다. 향후 지금 태어난 아기가 결혼 적령기 30~40년 후에는 성비가 역전되어 남아선호 세상이 될 줄 그 누가 장담하랴?

첨단의학의 발달로 몰래 성비를 조절해 신의 영역을 침범한 대가는 우리들 인간을 시험에 빠뜨릴 것이다. 그러니 친구 S야! 걱정은 붙들어 매고 손자들 재롱이나 즐기세!"

_ 2014년 2월 14일

A.J. 크로닌 작품평

A.J. 크로닌은 1896년 스코틀랜드 출생으로, 1914년 글래스고 의대에 진학하였으며 1925년 의학박사 학위 취득하였다. 1921년부터 3년 동안 남웨일스 탄광촌에서 의사로 근무한 경험을 살려 『성채』를 집필하였다.

크로닌은 의사로서 성공가도를 달렸지만 1930년 만성십이지궤양이 발병하는 바람에 고향에서 요양하며 어린 시절 꿈이었던 소설을 써 나갔다. 1931년 『모자집의 성』은 전후 최고의 소설이라는 호평을 받았고, 이후 1935년 『별들이 내려다보다』, 1937년 『성채』, 1942년 『천국의 열쇠』를 집필하였으며 미국 보드윈 대학에서 문학 박사 학위를 수여받았다.

1944년 『풋나기시절』 이후 『고독과 순결의 노래』, 『사랑의

회리바람』, 『인생의 도상에서』, 『결혼 조건』 등 다수의 책을 펴냈다. 1981년 숨을 거둘 때까지 지칠 줄 모르는 필력을 과시한 그는 생생한 인물 묘사와 극적인 플롯, 종교적 정신에 입각한 휴머니즘을 담은 작품들로 각광받았다.

나는 1997년 그 어렵던 IMF 시절, 우연히 서점에 들러 경제 관련 서적을 뒤지다 크로닌의 『인생의 도상에서』를 발견했다. "이 책은 많은 여러 가지 이야기들로 인해 좀 복잡하게 되어 있지만, 그에 대해서 주장할 수 있는 유일한 변명은 이 모든 것이 실화라는 것이다."라는 책머리 말에 끌려 그의 작품세계에 빠져들었다.

내가 어떤 것을 보는 견해는 노년에 들어 많이 바뀌었다. 아등바등 시간에 쫓기지 않으며 살게 된 나는 비물질적인 존재의 여러 현상들에 대해서 날마다 사색하는 습관이 생기기 시작했다.

원제목 중 "Adventures in Two world"는 의사와 문학이라는 두 세계를 의미하고, 현세와 영생, 즉 신과 인간을 뜻한다. 나이를 먹어 감에 따라 정신의 세계는 우리에게 있어서 점점 더 그 중요성이 더해진다. 가끔은 이런 생각들이 떠올라 사색하는 시간이 많아졌다.

“왜 나는 이런 곳에 서 있을까? 그리고 어디로 가려는 것일까? 세월이 도대체 나한테 무엇을 가르쳐 주었을까? 순수한 물질적인 추구 속에 일시적인 명예나 세상의 화려함에는 왜 조금밖에 만족하지 못했던가?”

인류의 모든 고뇌는 후회하고 이를 고치려는 행위들이다. 현재의 영달과 영생의 관점에서 본 인간의 행복이라는 문제가 이 작품의 주제이며 작가의 인생 생활 기록이다. 어느 날 운명적으로 닥친 질병, 과로가 원인인 만성십이지궤양 때문에 휴양지에서 소설을 쓸 결심을 하고 자기 표현의 욕망이 겹쳐져『모자집의 성』을 탈고하여 베스트셀러의 영광을 안았다.

문학적 대성공에 따른 수많은 명예와 막대한 수입은 겸손한 크로닌의 마음에 허무감을 초래했고, 종교적 회심의 시기를 맞아『천국의 열쇠』를 집필하기에 이른다. 가장 이상적인 인간상을 그려 냄으로써 삶의 진실한 의미에 무감각해져 버린 현대인의 정신생활 위기를 고발하는 작가의 주장이 마음에 와닿는다.

이 책에서 크로닌은 주인공 치섬 신부의 입을 빌려 “지옥이란 인간이 희망을 잃어버린 상태를 말하는 걸세.”라고 말한다. 즉, 종교는 오직 인간을 인도하기 위하여 존재하는 것이지, 형식적 계율에 구속당하면 참 신앙으로부터 멀어진다는 것이다. 무지의 중국 땅에서 치섬 신부의 인간애는 눈물겨운 승리이자, 그의 끊임없는 도전과 불굴의 의지는 삶에 대한 진정한 애착이요, 인간 존재의 진정한 가치이다.

대표작 『성채』는 세속에 물든 주인공이 어떤 계기로 각성하여 사회 부조리에 저항하는 과정을 실감나게 작가 자신의 경험을 바탕으로 쓴 자전적 소설이다. 의대를 졸업해 패기에 찬 젊은 의사 앤드루 맨슨은 보수적이고 위선적인 현실에 휩쓸려 상류 사회의 허상을 좇다가 소중한 아내를 잃고서야 자신의 이상을 좇는다. 타락되고 모순된 사회의 인습에 도전하여 마침내 승리하는 젊은 의사의 사랑과 투쟁은 평범하면서도 비범한 인간의 숭고한 내면을 잘 그려 냈다고 평가받는다.

그처럼 일단 부와 지위를 손아귀에 넣은 인간이 다시금 본인의 이상에 따르려는 태도를 일신시키기는 매우 어려운 일이기 때문이다. 작가는 집요한 욕망과 물질에 대한 애착심이 삶의 궁극적인 목표가 아님을 설파하고 사람은 언제나 내면의 사라지지 않는 양심의 소리에 귀 기울이라 한다.

마침내 본연의 자신을 찾았을 때, 양심적이고 헌신적이었던 아내 크리스틴이 교통사고로 절명한다. 이를 통해 크로닌은 언제나 모든 삶이 만족스런 상태로 지속되지 않는다는 의미 깊은 메시지를 던진다. 또한 자신의 양심을 되찾았을 때 비로소 참된 인간으로 다시 태어나게 된다고 설파한다.

크로닌의 작품들을 읽고 그 당시 핍박받은 저소득 계층과 노동자 입장에서 생각해 보면, 등장인물들의 면모를 보았을 때 너무 순진한 사람들이다. 탄광노조와 정부와 기업주들의 이기주의로 인한 탄광매몰 사건의 참상을 현실적으로 적나라하게 그렸으면 소설의 품위가 한결 높아졌을 텐데…. 아쉽다.

그리고 『인생의 도상』에서 눈물겨운 생을 보낸 간호원을 단편으로 잘 묘사했으나, 『자매들』에서는 간호사 자매의 아름다운 혈육 이야기, 그 애틋함의 바탕 위에 사랑과 자존심의 줄다리기, 예리한 내적 심리 묘사는 월등하나 요즈음 현실에서는 너무 이상적인 플라토닉한 사랑 이야기라 A.J. 크로닌의 명성이 많이 희석된 느낌이다.

크로닌의 작품들이 대체로 작가의 인간애를 가슴 뿌듯하게 감동받게 하고 인생은 역경을 헤쳐 나가 살아갈 가치가 있는 것이며 사람과 사람 사이에는 진정한 사랑이 필요하다는 것을 절실히 느끼게 한다. 그리고 위대한 작가의 숭고한 인간애에 감동의 물결이 용솟음친다.

빛

빛은 생물이 광합성하는 데 필요한 직접적 에너지이자 온도를 결정하는 중요한 조건이다. 그래서 생명이 있는 모든 것은 빛을 향한다. 즉, 빛은 생명을 기른다. 햇빛이 쏟아지는 벌판은 온갖 동식물들이 성장하고 열매 맺는 풍요로움의 상징이다. 강렬한 열사의 땅, 사막에도 도마뱀, 전갈, 선인장 등 각종 곤충과 식물들이 살고 있다. 그러나 암흑의 세계에서는 생명체가 살아갈 수 없다.

나는 '빛' 중에서도 실버라이닝(구름 뒤로 숨겨진 햇빛)을 좋아한다. 구름의 가장자리는 밝은 희망을 뜻하고, 당신 안의 한 줄기 빛은 상처받은 과거에서 벗어나 희망을 찾아가는 용기 있는 사람을 연상하게 한다. 이러한 한 줄기 빛은 고난에 처한 남녀 그리고 가족의 고통과 슬픔 속, 아무리 안 좋은 상황에서도 한 가지 긍정적인 측면, 즉 희망이 있음을 암시케 한다.

세상에서 가장 잔인한 고문은 배고픈 것과 햇빛을 차단하는 것이라고 한다. 영화 〈빠삐용〉에서 독감방에서의 한 줄기 빛은 주인공의 자유를 향한 의지, 즉 희망이다. 그리고 액자 속 '소녀의 기도' 뒤에도 한 줄기 빛이 간절한 소망을 암시한다.

세상에 암울한 소식이 넘쳐나는 요즈음, 모처럼 쨍한 빛을 만났다. 〈두근두근 내 인생〉은 열일곱 나이에 자식을 낳은 어린 부모와 열일곱을 앞두고 여든 살의 신체가 된 세상에서 가장 늙은 아들의 이야기를 그린 가족 사랑 영화이다.

나는 지체부자유들의 부모를 '사랑의 메신저'로 부르고 싶다. 매일매일 자신의 생활고와 정신적 고통을 딛고 오직 끝없는 사랑으로 모든 것을 감수하는 숭고한 부성애와 모성애. 이 세상을 지탱하는 것은 결코 돈이나 명예 권력 따위가 아니라 바로 이 같은 작디작은 희망이다.

장애아의 부모로 살아간다는 것은 결코 만만한 일이 아니다. 끊임없이 수많은 좌절과 실패를 겪으며, 오직 의학의 발달로 언젠가는 정상인으로 자립할 수 있기를 소망하는 장애인

가정에 실버라이닝이 퍼져 나가길 빌어 본다.

어둠이 있어 빛이 소중하듯, 절망은 항상 희망을 동반한다고 한다. 삶을 어떻게 보느냐에 따라 절망 속에서도 희망을 발견하라는 메시지가 아닐까?

우리들의 축제

친애하는 동기생 여러분! 2014년 5월 17~18일에는 부산에서 졸업 50주년 행사와 더불어 합동 칠순 잔치를 갖습니다. 이 두 가지 행사는 우리 동기생 부부들의 축제의 장이 되어야 합니다.

실버 100세 시대를 맞이하여 팔순, 구순, 미수연도 각자 가지겠지만 하객 300명 크루즈 선상에서 맞는 기념행사는 우리들 일생의 클라이맥스를 찬란하게 장식하는 일이므로 경비 조달 모금에 성의껏 참여하여 우리들의 축제를 더욱 빛내도록 합시다.

누구나 세상을 견디는 방법은 다릅니다. 오랜 세월 우리는 참으로 잘 살아 내었습니다. 고희연을 맞은 지금, 사는 게 그리 간단치 않다는 것을 우리는 스스로 터득해 잘 알고 있습니다. 거대한 인생의 순환 고리 속에서 후세들에게 자리를 내어 주고 권위와 명분을 덜어 내면 노년의 삶이 즐거움으로 가득하다는 것도….

이젠 숫제 인생을 졸업하고 대부분 직업도 없고 나이가 있지만, 그래도 건강하니 행복합니다. 더불어 기나긴 인생의 먼 길을 돌아 칠순에 이르면 아름다운 추억이야말로 가장 소중한 것으로 남지요.

인생에는 인연이 있어 동창으로 엮여 세월 따라 많은 정을 주고받았습니다. 정 없는 삶은 삭막하고 지루할 뿐, 가슴에 사무치는 보람이 없지요. 정은 마음의 교류입니다. 서로가 진실을 털어놓을 수 있는 모임은 삶이 가질 수 있는 참된 즐거움이지요.

사는 보람을 느낄 수 있는 공동의 목표를 앞에 두고 그 일을 위해 서로 돕는 동지가 될 때, 우리는 서로 깊이 결합됩니다. 거기서 우리가 가장 깊은 행복감에 젖는 것은 함께 어울리는 시간이지요.

이제 건강이 뒷받침되는 동안 되도록 많은 추억을 만들어 갑시다. 팬스타 드림호를 전세 내어 부산연안 원나잇 크루즈 선상 일정은 다채로운 프로그램을 진행해 지루할 틈이 없다고 합니다. 우리 모두 건강한 몸으로 여행을 떠날 수 있는 날이 축복입니다.

이번 크루즈 여행은 정말 의미 있는 특별한 시간이 될 것입니다. 망망대해 한가운데서 지는 노을을 바라보는 느낌과 아침 바다 위를 둥실 떠오르는 해맞이는 남은 인생을 더욱 멋있게 물들이며 새로운 시작을 알릴 것입니다! 행복하게 살아 내기 위하여 우리 함께 떠납시다.

_ 2014년 2월 20일

창희 형! 잘 가

가까운 친지와 지인들의 별세 소식에 허탈한 심정이다. 있던 자리는 몰라도 난 자리는 안다고, 죽음은 그 사람을 재인식하는 계기가 된다. 갑작스런 통지를 받고 고인을 만나러 가는 길은 황망 중에 실감이 나지 않는다. 그러나 영정을 마주하는 순간, 아쉬움과 회한이 몰려온다. 좀 더 잘해 줄 수 있었을 텐데…. 우리는 항상 후회하며 산다.

존재의 목숨이 육신을 떠나 영혼의 세계로 돌아가는 것은 자연의 섭리이다. 인생을 사는 시간은 늘어났지만, 우리는 삶의 의미를 깨닫는 시간을 갖지 않는다. 떨어진 낙엽 위에 찬바람이 불고 입춘이 되면 새 생명이 움튼다.

내 나이 칠순. 평균 수명이 고무줄 늘어나듯 늘어나지만 병마의 고통과 죽음을 언제까지 피해 갈 수 있을는지…. 살갑게 나누고 품어 주던 옛 정들, 우리의 인연이 평화롭게 낡아 가며 조금씩 사위어지길 바랄 뿐이다.

자유로운 영혼이었던 고인의 "내 무덤을 만들지 말라!"는 유언에 따라, 그는 영락공원에서 한 줌의 유분으로 산화되어 장산봉 기슭에 뿌려져 이기대 앞 남쪽 바다를 향해 항해한다. 다시 만날 또 다른 생을 기다려 본다.

삶과 죽음은 항상 장막에 드리워져 있다고 한다. 고인을 보낸 슬픔은 살아남은 자의 몫이라고 한다. 장막이 걷히고 나면 늘 함께할 수는 없지만 마음 깊이 흐르는 정으로 가족, 친지, 친구들과 삶의 기쁨과 아픔을 나누며 좋은 인연으로 오래 기억되고 싶다.

장례를 치른 후 삼우제날 소실봉에 올라 허전한 마음을 달래려 "창희 형! 잘 가~"를 세 번 외쳤다.

세월호 단상

세월호 침몰사고 12일째. 어제 오후부터 부슬부슬 내리던 봄비는 밤새 흐느끼듯 내리는 가운데 염원하던 기적은 점차 사라져 가고, 거센 물살에 시신 인양 작업조차 중단돼 안산 합동분향소를 찾지 못한 많은 국민들은 가슴속에 추모와 분향으로 울분을 삼켰다.

왜 우리 사회에서는 대형사고가 반복되는가? 나라 전체가 희생자들의 명복을 빌고 유가족에게 애도를 표한다. 더 이상 산 사람들의 관념과 논리와 허위로 만들어진 말들을 쏟아내지 말고, 억울한 희생을 값진 유산으로 남겨야 한다. 아직도 희망을 포기하지 않는 노란 리본이 펴지고 있다.

우리들은 가정을 이루고 자녀를 가졌을 때 세상을 다 가진 것만 같았던 그 행복이 얼마나 깨지기 쉬운지도 이제는 잘 알고 있다. 내가 사랑하는 모든 것이 영원하지는 않겠지만, 매 순간 함께 있다는 사실 또는 언젠가 만날 수 있다는 희망만으로도 우리는 살아갈 힘을 얻는다.

4월은 잔인한 달이라고 시인은 또 다른 의미로 읊었지만, 꽃피고 새싹이 돋는 4월이 거짓말처럼 신록의 생명을 물속에 잠기게 했다. 가족을 잃은 슬픔은 이 세상 무엇과도 바꿀 수 없는 고통이다. 그런데 삶은 참 끈질기다. 눈물밥을 먹고도 세월은 살아남는 자의 몫이라고 모진 목숨을 이어 간다.

그럼에도 우리는 너무 쉽게 대형사고 · 사건 · 참사를 잊고 반성하고 개선하지 않는다. 서해 페리호 사건 후 20년의 세월이 흘러도 오히려 도덕적 해이와 규칙의 무시, 이익 추구 우선으로 개인의 생명은 뒷전으로 물러난다. 10여 년 전 어린 새싹을 피워 보지도 못하고 가슴에 묻은 젊은 엄마는 한국 사회가 정말 싫다며 이민을 떠났다.

나는 두렵다. 언제나 그랬듯이 사고 수습 후 책임자 몇 명만을 처벌한 후에는 가라앉은 소비를 살리자는 캠페인이 넘쳐나고, 전 국민의 애도 분위기는 금세 잊히고 5월 가정의 날 행사에 혼란스러울 것을….

우리들 기성세대들은 계속되는 안전 불감증으로 착하고 순한 양들을 지켜 주지 못한 것에 대해 추모행렬로 끝낼 것이 아니라, 원칙과 매뉴얼이 지켜지는 사회 정의가 실현되는 사회 그리고 직업정신의 부활을 실현하려는 노력이 꼭 필요하다. 좋은 직장이 아니라 자기의 적성에 맞는 직업과 직업윤리에 투철한 시민을 길러내 위기 상황에 대처할 능력을 갖춘 인물이, 직장이 되어야 한다. 무엇보다 전관예우 식 낙하산 인사를 반복해 온 '관피아'의 고리를 끊어야 한다는 국민의 소리에 공감한다.

그리고 비정규직 계약직의 확산이 사명감을 잃게 하는 요인이 된다. 선장은 2년 계약직이고 선원 17명 중 12명이 비정규직이라니…. 박봉에 정기휴가는 고사하고 하루하루 찌든 삶은 20년 이상 노후선박에 증설의 무게를 지탱하지 못하는 세월호와 무엇이 다른가? 우리 사회의 치부를 들여다보니 진도는 근본이 무너진 사회이다.

통곡의 바다, 절망의 대한민국…. 꽃다운 젊음이 사라진 사회에 아무런 도움을 주지 못하고 압축 성장에 도취되어 마냥 질주해 온 기성세대로서 신세대에 몹시 부끄럽다. 신자유주의가 양산한 비정규직의 확산은 국민 안전을 점차 위협할 것이다.

우리 인생에 닥친 이런 예기치 못한 비극 앞에서 먼저 정도를 세우고 서로 마음을 위로하고 서로를 치유해 나가야 우리는 희망을 바라볼 수 있을 것이다.

_ 2014년 4월 28일

세 친구와 함께한 구채구 여행

세월은 쉼 없이 흘러 벌써 2014년 달력이 절반 남았다. 무더운 여름날은 월드컵 열기에 녹아내리고 승리를 위해 땀 흘린 선수들과 응원하는 국민들, 환호 탄성은 곧 침울한 분위기에 젖어들고, 일상의 무료함에서 벗어나고 싶은 마음 간절하다.

이럴 때 우리들은 친구와 어울려 자연의 신비로움에 빠져보는 낭만을 꿈꾼다. 진형은 원칙론적인 체질로 매사에 정확하고 남에게 폐를 끼치지 않으려 노력한다. 홍형은 마음이 강직하고 솔직담백하며 매사에 열성적이다. 반면에 나는 무슨 일이든 꾸준하게 참고 견디는 데 능하며 전체와 조화를 이루려는 타입이다. 삼우가 마음을 합치면 무슨 일을 못하랴?

4,100미터 고지대 관광은 모두가 처음이라 기대 반 우려

반, 노년의 건강을 자신하며 나의 버킷리스트 중 하나인 천하 절경 황룡 구채구 삼국지 투어에 나섰다. 자연이 그려 낸 수채화라는 구채구. 사천성의 험준한 산으로 둘러싸인 자연환경 탓에 신비롭고 때 묻지 않은 투명한 호수와 폭포를 바라보면 한 폭의 그림이다.

이 명품을 보려고 깎아지른 절벽 사이에 난 길을 6시간 강행군하며 멀리 보이는 차마고도 옛길을 보며 인간의 지력의 무한함을 감탄했다. 험난한 여정 끝에 수심 40미터에 끝없이 펼쳐진 장해(長海), 작고 아담한 호수 경해(鏡海), 환상적인 빛깔을 자랑하는 오채지(五彩池)에 이르면 발길이 떨어지지 않는다. 에메랄드빛을 위주로 다양한 색이 감돌며 주변을 감싼다.

또한 아무리 추워도 물이 얼지 않는다는 신비로움까지 더해져 티베트어로 웅장하다는 의미의 '낙일랑 폭포', 폭이 200미터에 달하는 '진주탄 폭포'는 무더위를 녹이고, 장엄한 풍경에 신선놀음이 따로 없다. 전날의 황룡 풍경구가 여성스럽다면, 여기는 남성적인 기질이 넘쳐난다.

다음 날 삼우(三友)는 실크로드 험로를 따라 광원으로 이동하는 6시간 곡예운행이 이어지는 여행길에 담이 약한 사람은 뒤로 물러날 정도로 수시로 암석이 흘러내려 보수공사가 진행 중인 외길을 달렸다. 여행은 약간의 모험과 스릴이 있어야 오랫동안 기억에 남는다.

다음 날 중국의 유일한 여황제인 측천무후를 모신 황택사를 둘러보았다. 천하를 호령하던 여걸도 죽음은 피하지 못했고, 지은 죄업을 속죄 받고자 부처님 옆에 자신의 모습을 새겨 둔 것일까? 오후에는『삼국지』에서 마초와 장비의 삼백대전이 이뤄졌던 소화고성을 보며, 영웅호걸의 늠름한 기상을 되살려 보았다.

다음 날 천하제일관으로 불리는 검문관 한 사람이 지키면 만 사람이 쳐들어오기 힘들다는 험준한 산세를 띠처럼 연결한 옛길 잔도를 오르내리며, 과연 제갈공명의 명불허전에 감명받았다. 오후에는 사천의 제2도시 면양으로 이동해 삼국정립과 관련된 인물조각상이 펼쳐진 부락각을 보았다. 영웅호걸은 모두 어디로 가고, 고요와 적막의 시간만 흘러갈 뿐이었다.

여행의 피로는 사천성 최초의 명품 창작 예술 쇼 '천부촉운 쇼'로 이어졌다. 음악과 춤, 시와 그림이 환상적인 조화를 이뤄 사천의 정취를 아름답게 그려 냈다. 과연 사천의 판타지다. 여운은 호텔에 와서 설화 맥주로 이어졌고, 전설 속으로 묻혀 갔다.

세상에 갈 곳은 참 많다. 가려진 곳들에 대한 호기심, 낯선 곳으로 떠나는 여행의 기쁨을 위해 익숙한 환경을 버리고 새로운 환경을 찾아서, 자신의 존재 이유를 묻고 소통의 장을 마련하기 위해 우리는 길을 떠난다.

그동안 너무 바쁘게 살아왔다. 인생은 각자에게 주어진 한정된 시간과 공간을 잘 활용하는 놀이이다. 특히 노년에는 탐욕적 · 위선적으로 소비하는 것 말고도 심신이 편안해지는 곳, 음식이 맛있는 곳, 나만의 영혼이 머무는 곳을 찾아 떠돌다 와야 한다.

그리고 여행은 관계의 거리를 좁히는 방법으로는 제일이다. 의도한 대로 한방을 쓰고 서로가 독립적 존재라는 것을 깨닫게 된다. 삼우는 지혜로움으로 황혼을 장식한다. 언제나 여행의 기쁨을 누리려면 열정과 건강이 따라야 한다. 그래야 지금 눈앞에 펼쳐진 놀라운 세상과 내가 하나 됨을 느낄 수 있다.

아! 행복했던 5박 6일이여…!

또 한 해를 보내며

고마운 사람들 아름다운 만남
행복했던 순간들 가슴 아픈 순간들
내게 닥쳤던 모든 것들이 과거로 묻히려 한다

그러나 내가 만났던 모든 일에
나와 함께했던 모든 사람들에 감사하며
내일을 꿈꿀 수 있어 행복하다

욕심은 끝없는 갈망일 뿐 만족이란 잠시뿐
무심하게 흐르는 세월에 마음을 뺏기지 말고
정겨운 마음으로 세월을 즐기며 살고 싶다

옛 친구를 찾아서 춥고 바람 세차게 부는 날
돼지비계 썰어 넣은 김치찌개에
빨간 딱지 도수 높은 쐬주를 나누면서

눈 덮인 겨울 산을 앞에 놓고
마주 앉아 소곤소곤 잊혀진
소중한 마음을 꺼내 보이고 싶다

그리고 교만했던, 시건방졌던
날들을 용서받고 싶다

_ 2014년 12월 29일

짧은 만남 긴 여운

세월은 쉼 없이 흘러 어느덧 고희를 맞았다. 노인을 위한 나라는 없다. 어느 누가 우리들 노인을 위해 줄 것인가? 졸업 50주년 겸 칠순 잔치. 이렇게 큰 행사는 심사숙고 차질이 없어야 한다.

다양한 의견들이 상충하고 세월호 사건 이후 부정적인 시각으로 반대 의견을 고집하는 친구들도 있었다. 한편으로는 격동의 시대를 살아온 우리 동창들의 위대한 삶을 그 누가 관심 가져 주며 살뜰히 챙겨 주던가?

기껏해야 자녀들이 국내외 여행을 주선하지만 그것은 부부의 애틋한 사랑을 반추하는 기념여행일 뿐. 다양한 삶을 살아온 우리들의 살아 있음을 자축하고, 세월의 무게에 짓눌려 병

마와 싸우는 친구를 위로하고 서로가 격려하는 아름다운 축제의 한마당! 이 어찌 기쁘지 아니한가?

그동안 집행부 친구들이 대단하다는 것은 헌신적인 '동창사랑'이다. 경부 친구들의 다양한 의견을 수렴하여 조화를 이루고 노심초사 온갖 궂은일을 도맡은 등 각자 업무를 분담하여 돌파해 나가는 열정이 있었기에 가능함을, 우리는 잊을 수 없다.

제일 중요한 사실은 백양 51회 동창 부부들의 적극적인 참여로 대회를 빛내 준 것이다. 슬그머니 행사장을 빠져나와 3층 데크 그네에 앉아 밤바다 해운대 광안리의 눈부신 빌딩숲을 바라보니 격세지감이 든다. 어둠 속에 태주 친구가 옆자리 한다.

졸업 후 50년 동안 교류가 없었고 풍문에 소식을 접하던 친구와 나눈 살가운 대화 몇 마디. 얼마나 반가운지 긴말하지 않아도 얼굴에서 몸짓에서 대화에서 모든 게 녹아든다. 크루즈호 선상에서 만나는 오랜 친구들. 고향 앞바다. 짠내음은 잊고 살았던 옛 추억을 되살린다. 아! 꿈결 같은 1박 2일 팬스타드림호의 잊지 못할 추억들!

선상에서 석양의 지는 해를, 희망찬 아침 해를 바라보았는가? 그리고 오륙도를 지날 때 세찬 물결에서 흐르는 세월을 느꼈는가? 나는 행복하다. 그 많은 세월을 부모, 형제, 친구, 자매의 사랑 속에 내가 자라고 해송처럼 굳건히 살아왔음을 자랑하고 싶다.

화려한 축제 한마당은 밤새 지칠 줄 모르고, 잊고 살았던 먼 날의 추억을 되새김하며, 이제는 부부가 서로 의지하며 '손자녀를 보면서 건강을 다져야지' 다짐해 본다. 그리고 친구의 소중함을 간직하며 스스로 삶을 찬미해야 한다.

"흰 구름이 흘러가듯이 흐르다가 또 만나듯이 우린 만났다 헤어지고 헤어졌다 또 만나지만 우리 함께 행복하자던 그 약속은 절대로 잊지 말아요."

나의 18번을 가만히 읊조려 본다. 헤어질 때는 너무나 짧은 만남을 아쉬워하며 거친 손들을 따뜻한 마음으로 힘주어 잡아본다. 친구여, 안녕! 귀가길 읍천항 앞바다 누운 주상절리 해변절경은 신의 미완성 작품이련가?

아! 저기 바위 위 소나무. 두 그루 해송은 우리들의 민낯이

어라. 그 척박한 바위 틈새에 뿌리를 박고 동해 강풍에도 꿋꿋이. 모진 세월을 불모지에 싹틔운 끈질긴 생명력은 신고의 세월을 살아온 우리들 동창 부부의 자화상이련가.

우리가 70년을 살아 낸 것. 앞으로 100세 시대를 저 해송처럼 살아 내는 것이 우리들의 소명이다. 문득 R. 핀처스의 「그때를 기억하라」가 떠오른다.

"어떤 말을 해야 할지 모를 때, 혼자 있다는 사실이 한없이 두려울 때, 그때는 기억하라. 사랑하는 이가 있다는 것을!"

_ 2014년
기념여행 후기

봄도다리 쑥국

봄의 전령은 입춘을 지나면 산색과 바다색이 부드러워지고, 우수 · 경칩을 지나면 남해안서부터 매화며 동백이 앞다투어 피기 시작한다. 때맞춰 온갖 만물이 기지개를 활짝 펴고 약동한다.

겨우내 황사먼지에 찌든 감기기운을 떨치려면 하늘 · 바다 · 땅기운을 듬뿍 마셔 삶의 활기를 되찾아야 한다. 매년 고로쇠 물을 마신다. 산삼보약을 찾아서 온통 먹거리 기행으로 TV에서는 난리법석을 떤다. 실속 없는 상술에 헛김 빠지는 소리다.

한결 포근해진 춘삼월 봄 내음을 맡으려면 남해안이 제격이다. 고향집 근처에서 돋아나기 시작하는 쑥, 냉이, 부추는 땅기운을 양기한다. 한두 송이 무리지어 피어나는 매화, 추위를 이겨 내고 피어나는 고결은 〈향수〉 노래를 불러온다.

"넓은 벌 동쪽 끝으로 옛이야기 지줄대는 실개천이 휘돌아 나가고… 그곳이 차마 꿈엔들 잊힐리야."

추위를 잊게 만드는 제철 진미 여행은 움츠려든 몸과 마음을 깨우는 싱싱한 봄도다리 쑥국과 가자미물회, 입안 가득히 퍼지는 화사한 맛을 즐기면 바다 풍경은 덤으로 따라온다. 용원앞바다 자연산 도다리 쑥국은 별미다.

부산항대교를 해운대에서 영도 남항을 거쳐 다대포로 건너오면 온통 푸르름으로 살았던 젊은 날들이 소리 없이 빠져나간 빈자리를 은빛으로 채운다. 용원의 갈대와 억새는 어느덧 황혼을 향해 기웃거린다.

수도권 아파트 생활은 군중 속의 고독이다. 한 공동체로 묶여 있으면서도 모래알같이 흩어져 산다. 여러 가지 걱정에 눌려 칩거하다가도 떨쳐 일어나 봄맞이를 나서면 나이를 잊고 새살 돋아난 아기처럼 마냥 동심으로 돌아가기도 한다.

2박 3일 짧은 일정에 얻은 것은 '다가올 것이 지나간 것보다 낫다'는 것이다. 그리고 빈둥지증후군 극복은 나만 위함이 아니라 기다리는 사람이 있다는 사실에 언제나 귀가 걸음이 빨라진다.

_ 2015년 3월 14일

메르스 단상

요즈음 우리나라는 의료선진국에서 보건위생 후진국으로 목숨 부지하기도 힘들어 '각자도생'이라는 유행어가 회자된다. 공포감에 마음마저 전염되면 몸도 함께 무너져 내려 전파 속도가 빠르다고 한다. 로버트 라이시는 『위기는 왜 반복되는가?』에서 사람들이 경제적 위협을 느끼고 삶의 안정을 상실할 때 희생양과 단순한 해법을 내놓는 권력에 끌리게 된다고 한다.

발병 한 달이 지난 지금까지 방역의 허점을 뚫고 수많은 사람과 접촉한 제3의 전파자가 속속 등장하고 있다. 외신들마저 '초등 대처 실패로, 세월호 사건 교훈 못 얻어 정부를 국민이 불신한다.'며 일침을 놓는다.

하지만 감염 경로는 오리무중이고 치료약이 없으니 개인위생에 전념하고 일상생활을 영위할 수밖에 없다. 새삼 인지한 사실은 우리 의료기술은 선진국 수준이지만, 감염병 전파에는 취약함을 드러냈다는 점이다.

그러나 아무리 삶이 고단하고 마음이 우울해도 가족이 건강하고 삶이 건전하다면 행복한 일이다. 메르스 사태로 마냥 두문불출할 수도 없는 노릇 아닌가? 메르스는 폐에 침범하여 신장기능을 망가뜨리는 특성이 있다고 하니, 자연에서 기를 받아 자연치유법을 활용하는 수밖에 없다.

한국은 산지 비율이 70%로, 우리들 주변에는 숲으로 뒤덮인 산들이 많다. 삼림욕을 통해 독소저해물질 및 성장촉진물질을 내뿜는 '피톤치드' 영약으로 심신을 다스려야 한다. 수목원을 거닐다 보면 생성과 소멸을 통해 죽음이야말로 인간 존재와 삶의 의미를 비춰 주는 거울임을 알기에 주어진 환경에 적응하여 열심히 살기를 다짐할 수 있다.

일흔을 넘게 살아온 나의 생애는 목표지상주의에 떠밀려 멈추어 생각해 보고 누릴 마음의 여유가 언제나 부족했다. 그런데 메르스 사태는 우리의 인생은 죽음과 동행하는 나날의 궤

적일 뿐, 우리가 생을 가치 있게 느끼는 것은 일상의 소소한 활동에서 행복을 찾아 스스로 즐기는 데 있음을 깨닫게 해 주었다.

_ 2015년 6월 25일

다이빙 천재

낙동강 하류 철새 도래지 중 을숙도는 하천의 유향 작용과 간만 작용에 의하여 크고 작은 사구가 형성되었고, 해수에서 담수로 옮겨지는 이행대에 위치하여 플랑크톤과 패류 소형 어류 등 철새의 먹이가 풍부하여 철새들의 안식처였다. 도요새, 물떼새, 오리, 논병아리, 새매, 백로, 개개비, 뜸부기, 두루미, 황새들의 황금 서식지였다.

강가 여울에는 금강모치, 꺽지, 동자개, 미꾸리, 누치가 모여살고, 중류에는 가물치, 쉬리, 피라미, 쏘가리가. 하류에는 날망뚝, 메기, 모래무지, 양태들이 떼 지어 몰려다녔다.

반농반어촌인 포구에서의 생업은 재첩이나 맛조개잡이로, 다대포까지 나아가 저녁이면 만선을 이룬 배들이 을숙도를 지나 감전 나루터나 삼락동 가포 나루터로 돌아왔다.

그리고 상류에서 떠내려 온 모래의 퇴적으로 저습지와 모래톱이 형성되어 우거진 줄풀과 갈대숲 모래펄에 기러기 떼가 내려앉는 모습은 장관을 이뤘고, 칠월의 갈대밭에 민물게를 잡기 위해 밝힌 횃불은 환상적인 풍경을 연출하였다. 팔월의 강변에 피는 갈대꽃은 해가 서산에 지면서 강물에 비치는 저녁노을과 어우러져 자연미의 극치를 이루었다.

사람은 자기가 태어나고 자라난 그 토양의 산물이다. 그래서 우리는 그 사람을 볼 때 그 사람만의 독특한 매력을 느낀다. 가난하지만 순박한 심성을 지닌 사람들이 모여 살던 감전 마을에 웅이 청년이 어머니와 여동생을 부양하며 가장으로서 재첩잡이로 생업을 이어 갔다. 동틀 무렵이면 재첩잡이 끌이로 강바닥을 훑어 3~4시간이면 만선의 기쁨을 안고 나루터로 돌아왔다.

오후에는 웅이 청년의 유일한 취미생활인 다이빙기술을 연마하기 위해 감전 수문 위에 모습을 드러냈다. 언제나 낡은 검은색 수영복에 밤나무처럼 키가 컸고 근육과 골격은 튼튼하였으며, 살갗은 멋진 청동색으로 그을려 있어 운동선수 같은 몸매를 갖추고 있었다.

1960년대 한국에서는 다이빙이 올림픽 종목임이 잘 알려지기도 전에, 어쩌면 전생에 절벽에서 바다로 뛰어드는 괭이갈매기의 모습을 연상케 했다. 다이빙은 육체적 능력과 기술적 능력을 요구하는 경기로, 선수들은 그들이 물 표면에 부딪쳤을 때 가능한 한 물이 수면 위에 많이 안 튀도록 노력한다.

웅이 청년이 수문 위에서 10m 아래로 공중곡예 두 바퀴 반 회전 후 수직으로 물속에 내리꽂히는 모습은 예술의 경지로, 바라보는 사람 누구나 경탄을 금치 못했다. 대동아전쟁 시 불모지의 땅에 태어나 가난밖에 물려받지 못했던 청년이 누구의 가르침도, 재정 지원도 없이 자신의 의지로 물의 흐름을 막거나 유량을 조절하기 위하여 여닫을 수 있게 만든 수문 위 시멘콘크리트 바닥을 플랫폼으로 두 손을 높이 쳐들고 심호흡 후 껑충 뛰어 공중제비를 돌고 낙하하는 모습은 한 폭의 그림이었다.

1967년 웅이 청년의 모습은 사라졌다. 3년 후 목발을 짚고 고향을 찾은 상이용사 웅이. 전후 비무장지대(DMZ) 적의 은밀한 침투를 막기 위해 초목제거작업 도중 휴전선 일대에서 지뢰사고로 두 다리를 잃고 불구의 몸으로 귀향하다니….

웅이는 꿈과 희망을 모두 잃어버린 채 실의에 빠져 어머니와 여동생의 뒷바라지에 세상을 원망하며 죽지 못해 살았다. '하늘도 무심하시지, 선량한 청년에게 너무나도 가혹한 형벌을….' 마을 사람들은 안타까운 마음에 하늘을 탓했다.

새순 돋아나는 푸른 초원에 따뜻한 햇살이 묻어나면 한발 앞선 초록 잎들! 생명력이다! 상이군인으로 제대한 후 무위도식하던 웅이 청년에게 어느 날 선녀가 찾아왔다. 산골 처녀가 조실부모하고 의지할 곳 없는 고아로 남의 집 식모살이로 전전하다 당산할멈의 중매로 가난한 집에 빈손으로 시집을 온 것이다.

부지런한 또순이. 이른 새벽 재첩국 장사를 나서 가장으로서 살림살이를 도맡아 이끌고 채마밭을 일구어 부식을 조달하고 틈틈이 삯바느질로 옷가지를 장만하는 억척같은 생활을 영위하던 중 떡두꺼비 같은 아들까지 순산하여 대를 잇게 하였다.

하루 종일 집안에서 갓난아기를 돌보는 남편을 위해 재첩국 장사를 끝내면 술빵이나 고구마를 사 가지고 애기를 뉘어 놓고 마주 보며 오늘 도회 소식과 인정을 얘기하면서 간식거리를 먹는 모습은 이 세상을 다 가진 사람들의 모습이었다.

사랑은 뜨겁게 불타오르는 순간 완성되는 게 아니고, 운명이 다하는 날까지 서로 아끼며 변하지 않는 삶을 사는 순간 완성된다. 그 사람이 잘되기를 바라는 마음으로 그가 어려울 때 힘껏 그를 도와야 한다는 성현의 말씀을, 웅이 부부를 통해 마을 사람들은 피부로 느꼈다.

당산은 토속주민 신앙의 상징으로서 이곳의 고목을 당산나무로 하여 언덕 위에 당집을 세워 마을의 풍년과 안녕을 빌어 왔으며, 당산할멈의 영험함은 언제나 마을과 주민을 지켜 왔다.

_ 2015년 7월 24일

북유럽 여행

스칸디나비아 반도 노르웨이 스웨덴 핀란드 3국과 덴마크를 합쳐 '북유럽'이라 부른다. 사회복지제도가 발달해 국가가 노후는 연금으로, 실업수당은 물론 교육도 무상인, 세계에서 행복지수가 높은 나라. 이상적인 국가관으로 평등한 사회를 이룬 모범국가들이다.

그런데 국민소득이 2~3배 많으면 무엇하는가? 세금이 2배, 물가가 3배로 실생활가용자금은 빠듯하다고 한다. 국토면적이 넓고 인구는 적으며 천혜의 자원으로 선진국 대열에 올랐다. 젊어서 부지런히 벌어 노후에 넉넉한 연금으로 생활한다지만, 북유럽을 여행할 경우 다른 나라보다 물가가 너무 비싸 여행경비 지출이 1인당 약 400백만 원(항공편, 숙박, 교통, 식비, 기타)으로 높은 편이다.

계절은 여름은 짧고 겨울은 길며, 평균기온 여름은 18~20도, 겨울은 영하 1~4도 정도. 천혜의 자연경관을 가지고 있다고는 하나 긴 겨울은 너무 춥기도 하고 해가 일찍 져서 활동범위가 적다.

국민 성향은 외향적으로 차가워 보이고 과묵해 보인다. 그리고 자국민에 대한 복지가 좋아 외국인 입장에서는 규제가 많고, 맥주 한 병에 11,000원 정도이니 여행 동료들에게 한턱 쓰기는 물 건너갔다.

그리고 저녁엔 모두들 숙소에서 나갈 엄두를 내지 않는다. 이동하면서 너무 긴 시간을 보내 심신이 지친 탓에 여행의 진수는 힐링인데 삶의 사치를 누리는 기분이기 때문이다.

첫날은 덴마크코펜하겐에서 울창한 숲을 배경으로 르네상스식 건축방식의 로젠보르그성, 로코코풍 건물로 아마리엔보르 궁전, 아름다운 풍경의 뉘하운 항구를 산책했다. 오후 5시엔 코펜하겐에서 오슬로까지 이동하느라 약 14시간 30분이 소요된 첫날의 밤은 DFDS유람선 바이킹을 타고 어둠의 항해를 즐기며 마무리했다.

다음 날 노벨평화상 수상식이 열리는 곳인 오슬로 시청사를 관람한 후, 릴레함메르를 경유하여 비욜리로 이동. 다음 날 아르누보 건축양식의 보고로 '북유럽의 베니스'라 불리는 올레순은 그냥 걸어 다녀도 똑같은 건물이 하나도 없어서 지루하지 않았다.

오후에는 노르웨이 피오르 중 가장 수려한 경관을 자랑하는 7자매폭포 등 아름다운 절경을 감상하고 뵈이야빙하 및 빙하박물관을 둘러보았다. 오염되지 않은 천연수를 식수로 사용하는 북유럽 국민은 그래서 건강은 물론, 덤으로 장수까지 누리나 보다.

다음 날 로맨틱열차 플름라인에 탑승하여 기차가 달리는 동안 펼쳐지는 웅장한 규모의 산, 계곡의 폭포수, 거친 자연의 모습은 경외감을 느끼게 한다. 오후엔 베르겐시 동쪽에 있는 플뢰위엔산 등산열차를 타고 전망대에 오르면, 시내는 물론 항만과 항구를 한눈에 내려다보인다. 비가 와서 더욱 낭만적인 항구의 모습을 보면서 고국의 항구회집 얼큰한 매운탕에 소주 한 잔이 그리워졌다.

다음 날 거울 같은 빙하호수 크뢰단을 지나 신들의 정원으로 불리는 오슬로, 비겔란 조각공원을 찾았다. 삶의 온갖 희로애락을 표현하는 200개가 넘는 작품들이 설치돼 관광객의 눈길을 끄는 가운데 특히 '모놀리트'라고 하여 커다란 기둥에 사람들이 뒤엉켜 괴로워하는 모습을 조각해 놓은 것이 돋보였다. 우리네 지친 삶과 고통을 잘 표현되어 있었다.

명장의 대작이 우뚝 서 내려다본다. 해발 1,500m의 주빙하지대와 툰드라경관 협곡과 단애의 연속인 아름다운 게이랑에르 피오르와 송네 피오르 그리고 푸른 빙하는 우리를 200만 년 전의 지질 시대로 안내해 줬다.

다음 날 바위산을 깨고 그 안에 자연암벽을 최대한 살려 세운 건축물 '암석교회'를 찾았다. 발상의 전환은 신성함을 낳았다. 스웨덴의 수도 스톡홀름은 발틱해와 마라렌호수가 만나는 곳에 14개의 섬으로 이뤄진 아름다운 도시이다.

시청사 2층에 위치한 황금의 방은 노벨상 시상식 후 축하 연회가 열리는 장소로, 200여 명이 2년 동안 1,800만 개의 금박을 입힌 유리조각으로 만든 모자이크로 명성이 높다. 그리고 감라스탄지구는 13~19세기에 지어진 건물들이 중세의 모습 그대로 고풍스런 모습을 간직하고 있었다. 새삼 국민들의 문화재 보존 사랑이 관광자원임을 일깨운다.

다음 날은 호수와 삼림의 나라, 핀란드를 찾았다. 전국토의 65%가 숲으로 둘러싸여 있어, '호수와 섬의 나라'라는 의미로 '수오미'라 불리기도 한다. 원로원광장, 루터교대성당 중앙에는 제정러시아 알렉산드로 2세 동상이 우뚝 서 있어 오랜 세월 러시아의 속국이었음을 슬픈 역사가 말해 준다.

스웨덴의 정치가 라인 펠트는 "오늘의 복지정책이 갖는 문제는 놀고먹는 것을 수치스럽게 여기지 않는 것"이라 말한다. 스웨덴의 복지도 이제는 한계에 놓여 있음을 말한다. 더불어 북유럽 4개국은 우울증 환자가 많이 발생하고 있다는 사실은 긴 겨울과 음습한 기후 조건에 햇빛 부족과 바깥활동량 부족이 원인임을 알 수가 있다.

반면에 우리나라는 4계절이 뚜렷하고 만물을 소생시키는 햇빛과 물, 맑은 공기까지, 사람 살기 최적인 아열대에 속해 천금을 주고도 살 수 없는 금수강산 아니련가? 여행에서 회귀를 자극하는 것은 그리운 사람에게 돌아갈 수 있다는 희망이다. 그리고 고국의 집은 내 삶의 소중한 보금자리다.

_ 2015년 09월 20일

멈춰진 시간

영화 〈아델라인〉은 여주인공 블레이크 라이블리의 뛰어난 외모와 배역이 잘 어우러진 영화이다. 주제는 '영원히 늙지 않는 것은 행복일까, 아니면 불행일까?'이다. 우연한 사고로 29살의 나이에 노화가 멈춰 버린 한 여인의 삶이 아름다운 영상 배경으로 전개된다.

사랑하는 사람을 먼저 보내는 건 슬픔 속에 외로움의 나날일 텐데 오늘도 젊어지려는 인간의 욕망에 현대의학은 바이오 시밀러 줄기세포 치료제 개발에 박차를 가하고 있다. 혼자 영원히 늙지 않는다면, 영원한 사랑은 불가능할 테고, 급변하는 세상의 흐름에 벅차 미치거나 우울증으로 입원하게 될 것 같다.

함께 늙을 수 없다는 것은 사랑하는 사람들과 시간의 흐름을 공유할 수 없다는 것이다. 이것은 또 다른 심적 고통이다. 영화의 결말에서 아델라인은 교통사고로 심폐소생술 심장충격을 받은 뒤 다시 노화 현상이 나타나 연인과 함께 늙어 가는 데서 행복을 찾는다.

인간은 진시황제처럼 영생을 꿈꾸기도 하고, 소박하게 10년쯤 젊어졌으면 하고 늙지 않음에 대한 욕망을 가지고 산다. 그러나 인생은 함께할 누군가가 곁에 있을 때 행복하고 가치 있는 삶이라고 한다. 가족을 위해 일하고, 희로애락을 향유할 때 우리는 보람을 느낀다.

나는 인간의 삶과 죽음은 신의 영역이라고 생각한다. 나는 건강관리를 잘해서 평균수명보다 10년을 더한 기대수명을 살다 생사고락을 함께한 인연들과 작별하고 싶다.

_ 2015년 10월 28일

향수 어린 먹거리

식량 사정이 어려웠던 1960년대 부산 사람들에게 고향의 향수를 자극하는 음식은 돼지국밥이다. 가난했던 시절, 허기를 달래고 영양부족이나 채독을 해소하려면 값싼 돼지국이 제격이었다. 어른 아이 할 것 없이 잔칫날 토종돼지 한 마리 잡아 동네 사람 모두를 감당하려면 뼈다귀를 24시간 큰 가마솥에 고아 낸 국물에 부위별 살코기를 삶아서 대파를 썰어 넣고 양념장 간을 해서 밥 한 공기 말아먹는 국밥 한 그릇의 행복에 그날만은 세상 근심이 저만치 물러섰다.

비 오는 날이면 나는 갑자기 라면을 끓여 먹고 싶다. 1960년대 중반 어느 날, 부산 충무동 제일극장 앞을 지나다 S라면 가두판매 무료시식 행사에 참여, 라면의 황홀한 맛에 반했으나 양이 너무 적어 식사 대용보다는 간식으로 별미를 생각했다. 그 후 국민 식량난 해소를 위해 우리의 입맛에 맞게 매운 맛, 얼큰한 맛, 시원한 맛으로 남녀노소를 불문하고 사랑받는 서민 음식으로 자리했다.

내가 제일 잘하는 요리라면 단연 해물탕이다. 시장에서 신선한 해물만 보면 오래 우려낸 멸치육수에 계절 해산물이 팔팔 끓을 때 조갯살, 새우, 파, 생강, 마늘, 고추를 듬뿍 썰어 넣고 맛술에 소금 간으로 끓여낸 뒤 투명한 소주 한 잔의 궁합은 가히 "내가 왕이로다." 소리를 절로 나오게 한다.

해물탕면이 출시된 후, 비 오는 날 얼큰한 해물탕이 생각나면 아내 몰래 주방에서 펄펄 끓는 물에 라면을 적셔 헹군 뒤(방부제 우지 제거) 감자를 얇게 썰어 스프와 함께 끓이다 라면, 파, 마늘을 넣고 마지막에 계란 탁이다.

1인 시대 도래에 인스턴트식품은 어쩔 수 없다. 세상은 바쁘게 돌아간다. 눈만 뜨면 모두가 자기들 세계에 묻혀 산다. 저녁이면 함께 모여 큰 식탁에 둘러싸여 행복을 나누던 시절을 그리워하며, 단풍이 무르익는 근린공원을 내려다보며 향수에 젖어 본다.

날씨가 추워지면, 가난했던 시절 옛 친구와 함께 먹던 오뎅과 붕어빵도 생각이 난다. 낡은 포장마차에서 오뎅국물 한 컵 후후 불어 마시고는 싸늘한 소주 한 잔에 오뎅꼬치를 안주 삼아 세상의 불합리를 성토하던 그 시절이 그립다. 아내는 오뎅은 잡어로 만들어 어묵보다는 품질이 못하다고 하지만, 추억을 담아내는 부산오뎅이 어묵보다 내 입맛에 맞는다.

사거리 신호등 옆 가로수변 붕어빵 포장 가게를 지날 때면, 코를 자극하는 고소한 맛의 유혹을 차마 뿌리치지 못하고 한 봉지 사 들고 공원 벤치에서 낙엽 지는 전경 속에, 유년 시절 내 짝이 다가와 내 호주머니에 불쑥 넣어 준 붕어빵 한 개, '몰래 너만 먹어.'라고 눈짓하며 뛰어가던 모습이 떠오른다. 그 훈훈하던 정!

요즈음 붕어빵은 작고 예쁜데다 우유를 넣어서인지 맛나고 부드럽다. 그러나 나는 옛적의 큼지막하고 팥이 많고 투박한 거친 맛이 그립다. 둘이서 나눠 먹을 때 충만했던 추억도 함께….

비 오는 날, 먼 데서 옛 친구가 찾아오면 순대국 맛이 일품인 가락시장으로 가서 대포 한 잔씩 하고 탄천길을 걷다 저녁엔 해물탕 일번지를 들러 옛 추억을 되새김한 뒤 버스 정류장에서 붕어빵을, 모퉁이 포장마차에 들러 부산오뎅 나눠 먹고 싶다. 그리운 친구여!

_ 2015년 10월 27일

2015 가을 여행

모든 것이 풍족하고 생각이 아름다워지는 가을이다. 그 계절에 다정한 사람과 떠나는 낭만 여행은 남녀노소 구분이 없다. 사람들은 추억을 만들면서 살아간다. 그리고 지난날의 다정다감했던 시절을 기억하면서 행복해한다.

충남 강경 '죽림서원'의 매력은 시선 차단과 공간의 조화 속에 조선의 문신이며 예학의 태두 6분을 모셔 왔다는 데 있다. 당파를 초월하여 정암 조광조, 퇴계 이황, 율곡 이이, 우계 성혼, 사계 김장생, 우암 송시열을 모시는 곳으로, 유림에서는 매년 춘추로 제향을 행하고 있다. 우리의 선조들은 예를 행하는 것이 사람의 근본임을 일깨워 주었다.

황산벌 계백장군 유적지를 둘러보며 국가의 패망은 군왕의 사치와 정세 판단의 아둔함이 불러온 슬픈 역사임을 깨닫는다. 또한 마치 촛불을 보는 것 같이 빛난다 하여 '관촉사'라 불리는 곳에서 동양 최대 석불인 은진미륵이 탐진치의 중생을 제도하려 말없이 내려다본다.

가을이 젓갈과 함께 익어 가는 '강경'. 푸른 금강이 서해로 향하는 길목 옛 포구의 명성을 간직한 느릿한 시간 여행이 매력이다. 해질녘 포구의 일몰은 노년의 아름다움을 반추하고…. 강경 젓갈은 우리 발효식품의 우수성을 확인하고 최상의 미각을 맛볼 수 있는 체험형 축제의 전형이다.

타임머신을 타고 45년 전 '연무대'를 향했다. 하루하루가 너무 낯설었던 곳. 대한민국 남성이라면 훈련소에 대한 향수가 되살아 "사나이로 태어나서 할 일도 많다만 너와 나 나라 지키는 영광에 살았다~" 군 시절 많이 불렀던 〈진짜 사나이〉가 기억 너머에서 울려 퍼지며, 생사고락을 함께한 전우들이 성큼 눈앞으로 다가선다. 파노라마처럼…. 훈련소는 현대식 병영시설에 급식, 의료, 여가 활동까지 할 수 있도록 잘 갖춰졌다.

여행의 묘미는 보는 재미에 먹는 재미, 느끼고 교훈을 얻는

덤까지, 오랜 친구와의 상봉은 기대와 인정이 오가는 맛이다.

"너는 예전과 똑같아!"
"이제는 건강이 예전만 못하지."

야외에서 주고받는 정담은 언제나 정겹다. 잔디밭에 둘러앉아 펼쳐 놓은 도시락에 고향 앞바다 소식을 전하는 생선회 한 점에 소주 한 잔은 잊힌 옛 추억을 불러와 시끌벅적 주저리주저리 젊음을 토해 낸다. 헤어질 시간은 언제나 아쉽다.

연리지

당신은 언제나 조용히 내조하는 숙녀로, 말은 간결하고 목소리는 청아해서 듣기 좋았소. 무엇 하나 소홀하지 않는 안목의 수려함은 의상의 소박 단순함에서 빛나고, 이해심 깊은 침묵이 함께 고난을 견디면서 사랑하는 가족과 공감의 연을 맺어 주었지요.

지난날의 삶의 고단함도 소박하고 맛난 밥상에서 두런두런 얘기를 나누면 시간 가는 줄 몰랐지요. 그 당시는 힘들어도 세상은 살 만한 곳이고, 오늘 비가 온다면 내일은 해가 쨍할 것이라는 믿음과 바람으로 삶을 추슬렀지요. 최선을 다하는 견딤과 기다림의 시간들은 희망과 설렘이 있기에 소중했다오.

진심으로 사랑하고 있는 노부부는 서로의 마음속에 담겨 있는 지난날 젊었을 때의 사랑을 지금도 들여다보고 있는 것이라 했소. 세월은 강물의 흐름처럼 상류에서는 위험한 급류였지만, 하구 가까이 오면 흐름도 완만하고 맑고 아름다운 강이 된다오.

인생이란 여정도 어쩌면 새로운 길을 날마다 찾아가는 것일 뿐, 우리가 부대끼며 견뎌야 할 일상이 당신과 함께라서 더욱 아름답고 즐거웠소. 그리고 살아야 할 이유를 갖고 있는 사람들은 쉽게 늙지 않고 왕성한 호기심은 자식이나 손·외손자녀들에 대한 애정의 선물로 이들의 눈을 기쁨으로 빛나게 해, 세상 무엇과도 바꿀 수 없는 행복이었지요.

또한 무엇보다 남을 먼저 배려하는 모습과 정의로운 생각과 태도는 감동적이었지요. 남의 얘기를 소중히 듣고 용기를 불어넣어 주고 선뜻 작은 온정을 베풀기를 즐겨했지요. 올해도 가슴 벅찬 감동과 함께 더욱 좋은 사연들을 엮어 갑시다.

_ 2015년 11월 6일

치과에서 단상

며칠 전 겨울철 보양식 생굴요리를 맛나게 먹다 오른쪽 어금니 윗몸으로 통증이 전류를 타고 흘렀다. 돌을 씹었나? 3주 전 스케일링을 받을 때 치아건강에 이상이 없다고 했는데….

이틀날 어금니에 약한 통증이 감지돼 통증완화제를 2~3일 복용. 다음 날 우정의 모임에 음주가 빠질 순 없지. 귀가 후 잠결에 마치 사랑니가 솟아오를 때의 통증이 안면으로 번져 잠을 설치다 아침 일찍 병원을 찾았다. 아뿔사, 웬 날벼락! 어금니 상단 1개가 두 쪽으로 갈라져 이를 살릴 방법이 없단다.

치아 파철은 딱딱한 아몬드나 땅콩사탕, 돌을 깨무는 것 때문에 발생할 수도 있지만, 나의 치주질환은 치아가 박혀 있는 뿌리 사이에 발생하는 염증으로, 방치하게 되면 치조골까지 염증에 의해 녹을 수도 있어 발치 후 임플란트 시술을 받아야 한다고…. 의술이 발달해도 살릴 방법이 없는 게 있나 보다.

아! 그렇다. 경고다. 어느 연령에 달하여 세포에 변화를 일으킨 육체의 노쇠. 중요한 것은 질병에 걸리지 않았더라도 육체는 계속 나이를 먹어 간다는 사실이다. 올해 평균수명은 83세. 은퇴하고 여생을 보내는 시간은 늘어났다. 우리의 희망은 단순히 오래 살기보다는 삶의 질을 높이는 데 있을 뿐이다.

어느 날 문득 뚜렷한 이유도 없이 오랜 세월 동안 지켜 온 생활 규칙대로 계속 영위할 수 없다는 당위가 현실로 다가선다. 우리의 생애는 정해진 한계점이 있다는 사실을 담담히 받아들일 때 삶을 더욱 알차게 보낼 수 있다.

그래서 노년에는 일상의 사소한 얘기를 들려주는 친구, 유머를 잘하는 친구, 영화를 함께 감상하는 친구, 여행이나 운동을 함께하는 친구, 맛난 음식점을 소개하는 친구와 어울림이 최고다. 산업기술 속도가 아무리 빨라도 마음이 통하는 건 인간이며, 정이 오가는 건 우정과 사랑이다.

_ 2016년 1월 29일

일흔 살에 치유

시간의 흐름에서 보면 우리는 때가 되면 스러지는 한 점에 불과하다. 흔히들 무엇이든 새로 시작할 수 있는 열정 앞에서 물리적 나이는 장애가 될 수 없다고 하며, 삶을 사는 지혜는 지금 가진 것을 즐기는 것이라고 속삭인다. 또한 세상의 아름다움을 발견하려고 자연 속으로 들어가 보면 언제나 일상적이고 지극히 사소한 일에 행복의 씨앗이 있음을 알아차린다.

노년은 열심히 산 것에 대한 여유를 가지라는 선물이며, 남은 인생을 잘 마무리하라는 시간이다. 그 좋은 시절, 우리는 치열한 사회경쟁 때문에 고난 속에 헤매고 있다. 눈만 뜨면 새로 생겨나는 새로운 정보들은 지금껏 쌓아 온 나의 지식과 경험 따위에 대한 폐기처분을 강요하는 듯하다. 그럴 때면 나는 쉽게 어두워지지 않으려고 저항하는 저녁노을이 된 기분이다.

내 친구 K는 한 번뿐인 내 인생인데 내가 원하는 삶을 살자며 김삿갓면 외룡리 음지마을 자연인으로 회귀했다. 모든 것을 내려놓고 이웃과 동화하려니 몸이 서툴다. 사는 일이 다 그렇다고 한다. 서울 친구 L은 노년의 멋이란 외모에서 풍기는 것과 정신적인 면까지 함께 조화를 이룰 때라고 말한다. 패션업계에서 새로운 화두로 떠오르고 있는 시니어룩(senier Look). 나이 든 사람만이 보여 줄 수 있는 성숙한 모습이 대비된다.

이제는 지인을 만나는 것조차 조심스럽다. 왜? 마음이 편안하지 못해서다. 40대 자녀들의 이른 명퇴 소식은 한 가정에 어두운 그림자를 드리웠다. 부모는 물질적으로 궁핍해도, 질병에 시달려도, 자녀 도움을 바랄 수도 없고, 또 자식들의 취업난에 아무런 도움이 될 수도 없다.

나에게 전화를 걸어 하소연하는 이유는 뚜렷한 해결책을 자문하기 위함이 아니라 그저 마음속의 응어리를 누구에게 쏟아놓고 싶어서다. 그럴 때 위로하는 방법은 상대방의 이야기를 끝까지 들어 주고 공감하는 수밖에 없다.

우리 한국에서는 누구나 겪는 경제난, 실업난, 취업난, 자녀교육 문제가 가정불화로 이어져 정신과 치료를 받아야 할 인구가 점점 늘어나고 있다. 명퇴라는 예고된 상황에서의 심적 압박감은 우울증을 부르고 심지어 원형 탈모증을 동반하기도 한다. 사랑하는 가족을 지키기 위해 냉혹한 현실을 극복하려 애쓰는 중년 가장의 고단한 일상은 진한 감동으로 다가온다.

문득 오래전 48회 아카데미 작품상을 수상한 켄케지의 〈뻐꾸기 둥지 위를 날다〉가 떠오른다. 정신병원에 수용된 환자의 반항을 통해 병든 사회를 고발한 작품으로, 체제에 의해 활력과 인간다움과 지성을 박탈당한 현대인을 그린 영화이다.

정신병원, 요양원에서 맞는 식판은 인격 존중이 아닌 인간소외의 슬픈 현실이다. 그리고 부유함과 편안함만이 인생을 가치 있게 만드는 것도 아니다. 세상에서 가장 어려운 것은 사람같이 사는 것.

우리 모두는 신이 창조한 걸작품들이다. 무심한 시간들은 강물처럼 흘러갔고 함께한 아름다운 날들의 추억만 남아 기억 위로 세월이 겹쳐지면 마음의 치유가 되고, 시간 여행은 자연치유이며 행복의 수단이 된다.

_ 2016년 2월 13일

인생무상
고(故)이삼균 형!

삼균 형! 오늘 4수회에서 만나기로 나하고 월요일에 약속했잖소. 통화 중 간간히 들리는 기침소리에 목감기가 오래간다고…. 형의 다정다감한 목소리는 더 이상 들을 수가 없겠구려. 뜻밖의 형의 부음 소식에 언제나 만나서 정담을 나눌 친구가 있다는 사실 또한 허망함을 알았다오.

재경 51회 동창회 12년 봉사활동은 명멸하는 기억들에 대한 애틋한 그리움으로 남는군요. 동창들의 다양한 의견들을 잘 조합하여 성실함으로, 나이 들어 은퇴생활에 귀찮고 힘든 일을 도맡아 처리하는 총무의 궂은일과 어려운 시기에 졸업 50주년 행사를 재경동창회장으로서 무사히 치러 낸은 형의 노고와 희생정신 덕분이었지요.

동창회장, 총무직책을 내려놓으니 아내가 제일 좋아하더라는 형의 말을 들었습니다. 우리가 형에게 오랜 세월 너무 많은 짐을 지게 해서 미안하고 죄송하오.

사람을 슬프게 하는 것은 인간관계는 그저 허무하고 일시적이라는 사실입니다. 형의 갑작스런 이별소식은 다시금 인생의 무상함에 슬픔을 금할 수가 없고 형의 깊고 두터운 우정의 빈자리가 더 커 보인다오.

이제는 인생의 고락을 함께 나눌 친구가 한 사람 별처럼 왔다가 갔습니다. 인생은 참으로 단조롭지요. 노년에는 매일 생활하는 공간은 한정돼 있고 하는 일은 똑같습니다. 내가 인생을 사는 것인지, 세월이 나를 끌고 가는 것인지….

자연이 나를 데리고 왔다가 자연이 나를 데려가면 영락없이 가는 게 우리들 인생 아니던가요? 존재하던 이형이 이 세상에서 영원히 사라졌다는 의미는 그는 죽었지만, 내 안의 우정은 오래도록 남아 그를 떠올리고 그와 함께한 지난날들을 추억하며 그린다는 겁니다.

봄·가을 테마 여행에는 형의 모습이 더욱 그립겠지요. 삼균 형! 천국에서는 아프지도 말고, 근심 걱정도 없이 행복하세요.

_ 2016년 3월 23일

일상(日常) 탈출기

삶에서 무엇이 가장 무서울까? 매일 반복되는 생활이라고 한다. 100세 시대를 맞아 남에게 의존하지 않고 홀로 설 수 있는 자 얼마나 되는가? 세상이라는 것은 눈에 띄지 않는 사이에도 움직이고, 나무 위의 달팽이처럼, 물속의 조개처럼, 세월은 어느덧 나를 지평선 멀리 밀어냈다.

한 주에 두세 번씩 맛집에 앉다 보니 호사스런 요리도 맛이 없어졌다. 욕구란 소득보다 더 빨리 상승하려는 속성을 갖기 마련이라고 한다. "맘에 내켜서 하는 일을 하는 것". 변화에 대한 기대 없이 마냥 같은 일을 반복하다 보면 우린 살아가는 것이 아니라 죽어 가는 것이라 한다.

21세기는 개성적 인간의 시대다. 이미 가지고 있는 것을 누리지 못하는 것은 불행이다. 2016년 여름나기는 새벽 산행에서 만나는 벌개미취의 현란한 보라색의 향연 숲길에서 산모퉁이를 돌아서면, 약간의 솔바람은 한여름 오이냉국 맛이다.

폭서를 잊는 방법 중 역사 대하소설을 펼쳐들면 삼국지, 대망(도쿠가와 이에야스)의 등장인물 성격 묘사는 카네기 인생론집의 처세술보다 훨씬 재미있고 실용적이다.

그 짓도 하루 이틀이지, 변덕은 죽 끓듯 아내와 동해안 드라이브. 고성에서 삼척 묵호항까지. 관광 유람선을 타고 동해안으로 검푸른 물결에 일상의 숨 막힘은 가슴 뻥 뚫리고, 금진온천에서 이열치열로 활기를 되찾던 추억은 채산성에 밀려 옹기종기 자연산 횟집들이 모두 휴폐업 상태라 씁쓸하다.

한여름 밤의 열기를 다스리느 방법 중 또 하나, 프로야구 시청. 그중에서도 롯데시네마가 압권이다. 전반을 6~7점 앞섰다고 느긋하면, 후반에 점점 불안불안 위태위태, 역전에 또 역전, 각본 없는 한 편의 드라마는 나를 갖고 논다.

영화 〈머니게임〉은 프로야구의 실체를 잘 표현하고 인간의 열정과 굳은 신념 속에 스타의 탄생과 감독의 적재적소

선수 기용, 단장의 선수 발굴 스카우트가 명문구단의 탄생을 이끌고, 최종적으로 구단주가 결정하는 스포츠 자본주의의 꽃이다.

대체로 강팀은 60%의 승률에 약팀은 40% 승률이지만, 승부는 예측 불허이다. 신인의 활약상에 베테랑의 체력 저하는 에러로, 역전에 뒤바뀌는 스릴은 한여름 밤의 열기를 녹이고, 야식은 비만의 원인이라는 사실을 망각한 채 시원한 병맥주에 치킨을 먹는 재미란 별미가 따로 없다.

그렇다. 산다는 것은 일상의 재미를 찾아서 즐기고 생의보람을 찾는 거지, 별거냐고…. 오늘도 어김없이 하루가 막을 내리고, 신산한 삶은 재미나게 엮여야 살맛이 난다.

공생공존, 생존 본능

소실봉 오르는 길은 지난밤 사이 떨어진 듯 싱싱한 도토리 참나무 가지들이 즐비하다. 나는 등산을 오랜 세월 즐겨 왔지만, 상수리(참)나무, 오리나무, 떡갈나무를 잘 구분 못한다. 내 친구 P는 나무의 종류뿐만 아니라 줄기, 잎, 가시 등을 자세히 설명하지만 한 귀로 흘려듣고 도토리가 달렸으면 '도토리나무', 밤이 달렸으면 '밤나무'라고 부른다.

등산로 주변에 마치 톱으로 잘라 놓은 것처럼 단면이 매끈한 짓을 저지른 놈이 몸 전체 길이 9㎜의 도토리 거위벌레란다. 도토리 속질이 연한 여름철에 주둥이로 구멍을 뚫어 알을 낳고 10㎝ 떨어진 곳에 가지를 잘라 내는 작업을 한 이유가 유충이 도토리 열매 속을 식량창고로 이용하기 위한 어미의 생존전략이라니! 자연의 신비로움이다. 이 딱정벌레과 곤충은 4억 년 전 진화와 생존의 대가라니…. 누가 가르쳤는가?

지구환경 순환론에 의하면 존재하는 모든 것들은 공생공존한다고 한다. 그러나 자연환경 파괴로 인한 토양오염으로 멸종위기종이 자꾸 늘어만 간다. 도시 개발 명목으로 날마다 소실봉 야산 주위는 중장비 포클레인으로 파헤쳐진다. OECD 회원국. 우리도 꽤 괜찮은 나라에 살고 있으니 조금은 더 행복해져야만 한다. 인간의 품위가 최소한 지켜지는 녹색 환경을!

중복을 지나자 폭염으로 땅속까지 타는 듯한 무거운 공기가 휩싼다. 한줄기 소나기가 쏟아지면 좋으련만…. 고온다습한 열대야가 계속되는 폭염 역시 인간이 만든 재해인 지구온난화에 따른 부작용이란다. 슬프다! 미래를 앞당겨 쓴 결과라니….

유럽 복지국가 사람들은 더 많이 누려서가 아니고, 우리보다 쾌적한 환경에 단순하고 경쟁이 덜하다는 것이 행복이라고 한다. 선지자는 말한다. "넘쳐나도 부족하고, 모자라도 충분한 게 인생." 그 깊은 의미를 곰곰이 새겨 본다.

_ 2016년
복중에 단상

귀손

매년 휴가철이 되면 손꼽아 기다리는 방문객은 2~3일 묵어 가는 손자 녀석이다. 3학년이 되면 학원 교습이 많아 더 바쁠 것이라는 말은 정을 나눌 기회가 적어진다는 것. 초등 2년생 준원이는 하루 종일 학교에서 학원으로 축구교실에서 까맣게 그을린 몸매로 언제나 골키퍼를 자처한다. 또래에서는 믿음직한 모양이다.

늦잠을 자는 준원이를 깨워서 자연의 신비를 가르치고 싶다.

이슬에 젖은 날개를 말리기 전에 밤에는 나무 밑둥치에 내려와 있는 매미 놈을 쉽게 포획해 자세히 들여다보게 한 뒤에 이 귀한 생명은 7년 동안 애벌레에서 성충으로 자란 뒤 여름 한철 일주일에서 보름 정도를 살다 알을 낳고 생을 끝내니 살려 주자고….

야외물놀이장에 뛰쳐나간 녀석은 금세 친구 둘을 사귀어 물미끄럼틀을 스키 타듯 돌진하고는 야외풀장에서 물장난을 하다 시간마다 그늘막에서 빵을 먹거나, 아이스크림, 김밥에 컵라면도 후딱 해치운다. 왕성한 식욕에 활기찬 활동력이 부럽다.

오후가 되면 졸린 녀석을 태워 대형마트 장난감 가게에 가면 호기심이 샘솟는다.

"할아버지, 하나 더 사면 안 돼요?"
"그래라!"

로봇박사가 꿈인 녀석에게 변신, 리모컨 작동은 기본이다. 노년의 행복은 손자녀 성장을 지켜보고 함께 놀아 주기다. 문득 동심으로 돌아가 본다.

부모님의 농경사회는 희망의 시대였다. 우리들의 산업사회는 경쟁과 탐욕의 시대였고, 자녀의 시대는 정보화 사회, 극심한 양극화로 물질이 아닌 정신의 궁핍이 상대적 빈곤을 초래한다. 사람이 그립다. 혈맥과 전통의 소멸, '혼밥'과 '혼술'로 대표되는 외로움, TV나 인터넷에서 드러나는 끝없는 인간의 욕망으로 위기에서 위기로 살아가는 방식에 개인의 행복 추구는 멀어만 간다.

귀가 후 피곤에 지쳐 꿈속을 헤매는 녀석을 재우고 공원을 산책하다 보니 중천에 달이 흐려 보이고 북극성도 빛을 잃었다. 장마가 오려나…. 공원 연못에서 오랜만에 개구리 울음소리를 들었다. 사람들이 다가가면 조용히 어둠 속에 묻혀 있다. 자연환경 파괴로 귀한 울음소리다.

_ 2016년 8월 5일
행복을 나누던 날

삶의 고샅에서

설악의 단풍이 구룡령을 넘어 오대산으로 물들어 오면, 나는 매년 소년처럼 마음 설렌다. 귓전에 닿을 듯 빠르게 뛰는 심장박동, 가쁜 숨소리와 이마에 송골송골 피어오르는 땀방울로 산 정상에 오르면 확 트인 시야에 묻어오는 오색단풍의 물결. 아! 나는 살아온 날 동안 얼마나 소중한 것들을 잃어버리고 살았는지…. 후회와 연민이 피어난다.

우리 아버님은 칠남매를 먹이고 입히고 배움 뒷바라지를 위해 흰 새벽어둠을 지고 일터로 향했다. 누군들 부모에 대한 죄의식으로부터 자유로울 수 있을까? 부모는 자식을 통해서 실망할 일이 많았지만, 고생하며 우리를 인간답게 성장시켰다.

"난의 향기처럼 가슴속 깊이 배어드는 당신의 체취가 그립습니다."

어머니의 빛바랜 사진 속 안타까움과 애처로움이 가득한 눈빛은 고단한 삶을 물려주어야만 했던 숙명을 위로해 주는 듯하다.

우리는 평생 그 '무엇'과 '누군가'를 바라보며 산다. 자연의 아름다움은 상대적 분별을 버리고 자신이 지닌 마음으로 자연과 하나가 되라고 속삭인다. 오직 자기만의 향기를 소중하게 생각하고 가꾸어 갈 때라고…. 그러나 나는 아직도 아집을 버리지 못하고 남 탓을 롯데 껌처럼 씹는다. 겉멋만 들어 속 빈 강정이라고 자탄한다.

노년은 외로움이다. 활동적이고 긍정적인 정신은 건강한 삶을 영위한다지만, 나만 잘살면 무슨 재미가 있을까? 돈으로 친구나 행복을 살 수 없다는 걸 깨달아 가는 나이. 고독은 나만의 시간이다. 자신의 삶을 뒤돌아보고 생의 의미를 음미하는 시간. 문득 착한 아내를 만나면 30년이 행복하고, 지혜로운 부인을 만나면 3대가 행복하다는 잠언에 나는 행운아임을 깨닫는다.

욕망에서 자유롭고 물 흐르는 것처럼 세월을 죽이고 사는 요즈음, 인간미가 물씬 풍기는 고향 친구를 만나 강가에서 피라미 낚시를 하고 싶다. 곁에 누가 있어 그냥 마음 든든한 그 '무엇'. 이를테면 깊은 정, 이해심, 소박함, 그런 것들. 산다는 것은 기쁨과 즐거움을 가지고 삶을 함께하는 것이다. 행복과 고통이 교차해도 삶의 여정은 언제나 더불어 동행하는 것.

내 친구 P는 상처 후 '주역' 공부에 빠져 지낸다. 인생의 뜻을 알아야 인생을 제대로 살 수 있는데, 주역은 인생과 만물의 뜻을 규명하는 학문이다. 즉, 세상의 변화와 세상이 움직이는 이치를 알려 주는 지혜의 보물창고다. 21세기 급격한 변화의 소용돌이 속에서 몸과 마음을 지켜 내며 만물의 뜻을 인생에 적용하기 위해서 공부한다. 옳은 생각이다.

문득 고은 시인의 「그 꽃」이 가슴속에 다가선다.

내려갈 때 보았네
올라갈 때 보지 못한
그 꽃

_ 2016년 10월 17일

꿈속에서

다들 아침 일찍 들판으로 일 나가시고 집안은 고요한 정적에 묻혀 있다. 어머님이 차려 놓으신 밥상 위에 된장찌개, 고등어구이 한 토막, 시래기국 한 사발, 김치 한 보시기, 꾹 눌러 담은 쌀보리밥 한 공기. 찌개에 비벼 구이 한 점, 김치 한 가닥 목울대를 넘기던 그 찰진 맛.

마당에는 멍석에 말리는 곡식들이 태양초처럼 익어 가고, 내 누이들이 쭈그리고 앉아 들여다보는 화단에는 백일홍, 황매화, 봉선화, 난초, 해바라기가 다투어 피어난다. 대청마루에 목침을 베고 단잠에 들면 잠결에 할미는 조심스레 다가와 삼베 한 겹을 두르신다.

뒷간 옆에 감나무 진초록 잎새에 주황색으로 익어 가는 감.

길 건너 미루나무에선 뙤약볕에 참매미가 자지러질듯이 울음을 운다. 맴 매앰-! 옆집 코쟁이가 밥숟갈 놓자 대문간에서 나를 부른다.

"놀자! 나랑 놀자."

동구 밖에서 뛰노는 조무래기들 목말타기 함성이 가물가물…. 어느덧 강가에 황혼이 물들어 오면 불현듯 집 생각, 무서움에 뜀박질이 시작된다. 당산 옆을 지날 때면 지난여름 수문 옆 회돌이에 빠져죽은 귀신이 내 목덜미를 낚아채는 환영에 다리 힘이 빠져 허방에 내동댕이쳐 죽는 줄만 알았다.

비가 온다. 추적추적 내린다. 앞집 대헌이가 미꾸리 잡으러 가잔다. 수로를 따라가면 물웅덩이에 갇힌 고기가 많이 있단다. 그쯤은 나도 알고 있다. 찢어진 소쿠리를 철사 줄로 대충 얽어맨 채 양은물통, 찌그러진 입 큰 주전자를 나눠 들고 막대를 둘러메고 러닝셔츠와 반바지 차림으로 의기양양 집을 나선다.

"야! 너는 아래서 소쿠리를 받치고 있어. 내가 위에서 막대로 고기를 몰아갈 테니!"

"그래, 좋았어. 쉬쉬~ 야! 빨리 들어올려."

"번쩍! 아이쿠, 놀래라…. 물뱀이다!"

"야, 얼른 이 막대를 잡고 나와. 식겁했네."

"야! 넌 물에 빠진 쥐새끼 같아! 하하, 히히…."

"아, 추워. 에취!"

"조금만 참아. 몇 번 더 해서 양동이 가득 잡아 둘이 나눠 가지자고."

"이젠 물뱀도 없고, 미꾸리와 가물치도 두 마리다. 으슬으슬 춥고 배도 고파 오네."

"얼른 집에 가서 안방 아랫목에 누워야지."

"야! 함께 가!"

양동이에 메기와 미꾸라지를 가득 담고 내려오는 길은, 비록 물에 젖어 비 맞은 생쥐 꼴이라 우스꽝스럽고 제법 차가워진 저녁 바람에 으슬으슬 몸이 떨리어 오더라도 의풍당당 발걸음이 가볍고 씩씩하다.

"할미! 나 고기 잡아 왔어."

"아이고, 내 새끼 입술 파란 거 좀 봐! 많이도 잡아 왔네. 할미가 얼른 메기추어탕을 끓여 줄 테니 아랫목에 이불을 뒤집어쓰고 잠시 기다려. 용한 내 새끼."

채마밭의 김장용 배추. 길게 이어진 돌담. 노란색의 달달한 맛이 들기 전에 감서리 소금항아리에 묻어두고 야금야금 꺼내 먹는다.

"여보! 오늘은 웬 늦잠을…. 이불도 걷어차고, 달팽이집을 짓고, 쉬 감기 들지요."
"에쵀. 아, 단잠을…. 아버지, 어머니, 형님도 곧 만나 볼 수 있었는데…."

세월의 무늬를 색칠해 보면, 그리운 할머니, 부모님 곁 꿈속에서 걸어나 볼까?

맑고 밝은 여인

'차연희'의 호 '차양(泚陽)'. 당신은 곧 70을 넘어섰지요. 그래도 당신은 우아하고 아름답습니다. 함께 살아온 지 42년. 그 어느 해보다 당신을 사랑합니다.

차양(맑을 차 밝을 양)은 강화의 도자기 굽는 스님이 지어 줬지요. 호처럼 당신은 주변을 맑고 밝게 가꾸고 사람들을 살갑게 대하여 정이 넘치고 유머감각으로 언제나 남에게 희망을 이야기했지요.

구인사 입구 약초 캐는 용도사는 당신을 보자 단번에 "노래를 참 좋아하시네요. 전생에 비파를 뜯는 선녀였지요." 오복을 갖춘 여인이라고, 항상 약자를 돕고 불우한 이웃과 소통하고 나누기를 좋아한 당신.

언제나, 나나무스쿠리의 청아한 노래 음색과 나훈아의 정겨운 노랫가락을 즐기던 당신이 어느 날 〈숨어 우는 바람 소리〉, 〈그리움만 쌓이네〉를 조용히 읊조리며 어딘가 슬퍼 보이는 사진 속의 표정에 내 마음은 스산하다오.

고희를 넘어서니 건강에 경고등이 켜져 내심 걱정이 되나, 현대의학을 믿고 식생활 개선과 꾸준한 운동 그리고 복약으로 이겨 냅시다. 우리는 한 사람이 먼저 가고 혼자 남아 살아가는 일이 없기를 바랍니다. 혹시 다음 생이 있다면 그때도 함께하기를 소원합니다.

_ 2016년 11월 6일

서광윤 님 고희연

오늘은 매제 서광윤 님의 뜻깊은 고희연입니다. 칠순은 인생을 성찰하면서 살아가는 나이라 합니다. 그리고 행복이란, 결국 자기만족이므로 자기 자신을 제대로 이해하는 것이 복된 삶이겠지요.

고희를 지난 오늘, 살아 있다는 것 자체가 행운이고 성공이지요. 노화에 따른 신체장애는 조금 불편하다뿐이지만, 인생은 늙어 가는 것이 아니라 익어 가는 것이랍니다.

돌이켜 보면 힘든 과정이었지만 가족을 위한 고생이 행복이었음을 깨닫는 데 70년이 걸렸다고 생각하면, 지금부터의 나날은 덤으로 사는 것. 내 주변 사람을 소중히 여기고 감사하게 느끼며 삽시다.

나이가 들면, 내 자신과 내 소유를 위해 살았던 것은 다 없어지고 남을 위해, 가족을 위해 살았던 것만 남지요. 지금은 부와 권력보다 더 자유로운 삶을 누리고 있다는 행복감이지요.

이렇게 멋진 잔치를 준비한 자녀들을 훌륭하게 키우고 출가시켜 손자녀를 봤으니, 대박난 장사입니다. 곧 막내딸 혼사도 결정되어 겹경사를 치하합니다. 이젠 모든 근심 걱정 내려놓고, 부부 내외간에 건강하고 행복하세요.

_ 2017년 2월 18일

니, 산다꼬 욕봤다

인생이란 더없이 추악한 죄업의 누적이어서, 허무한 희극인 것인가? 막장게이트가 세상을 뒤흔들고, 법미꾸라지들은 대가리만 풀숲에 처박고 할딱거리는 까투리 꼴이다.

우리들은 부조리한 현실을 바꿔 가려는 노력을 꾸준히 해야 한다. 촛불집회 3달여 1,100만 돌파. 국민들은 진정 착한 마음으로 지상에 내려온 별처럼 등 하나씩을 켰다.

사람들의 간절한 기대와 염원이 현실을 바꿀 수 있다는 이 경험은 우리 공동체가 다음 세대에 더 나은 세상을 물려주고자 하는 강력한 의지를 가지고 있다는 사실에 공감한다.

영화 〈친구〉 중 깡패두목도 법정에서, “살인을 교사했느

냐?"는 판사의 질문에 "네." 하고 답변했다. 중형을 선고 받은 후, 왜 부인하지 않았느냐는 변호사와 친구들의 질문에 "쪽팔려서"라고 답했다(실화였음). 막가파식 건달세계에서도 낯짝은 살아 있다고, 보스의 기질을 보인 것이다.

혼탁한 세상엔 카라마조프한, 탐욕스러운 광적으로 권력과 욕정을 추구하는 파렴치하고 절제하지 못하는 비양심적인 사람들이 넘쳐난다고 한다. 또한 세상에서 제일 버리기 힘든 게 인연과 욕심이라고…. 소중하게 여기던 것을 버리려면 지도자와 공직자들은 마음을 단단하게 먹고 소명을 다하여야 한다.

문득, 요즈음 현실에 "많이 묵었다 아이가, 그만해라!"나 고향 사투리 "니, 산다꼬 욕봤다."가 오버랩되는 것은 과욕이 빚은 불행, 즉 자신에게 정해진 것보다 더 많이 소유하는 것은 재앙임을 자각해야 한다.

_ 2017년 3월 09일

봄비 우산

봄비가 내린다. 고마운 일이다. 만물이 기지개를 켜고 생명이 움트는 계절에 농부는 논에 물을 가득 채운 들판을 바라보며 기쁨에 젖고, 도시민들은 봄비와 함께 펼쳐질 꽃 축제를 연상하며 마음이 즐겁다.

우리 집 신발장에는 우산들이 저마다의 색깔과 무늬로 자태를 뽐내며 열 몇 개가 있다. 대부분 1인용 이지만 그것도 접이식이 대부분을 차지하고, 2인용 골프 우산도 있고 아내가 해외여행에서 사다 놓은 화려한 꽃무늬 양산도 몇 개가 눈에 띈다. 그중 한편에 궁색하게 놓인 비닐에 점박이 검은 무늬가 새겨진 가볍고 투명한 일회용 우산이 자리하고 있다.

아내가 버리라고, 요즈음 누가 그런 우산을 쓰느냐고, 우산도 품위 있게 폼 나게 쓰면 좋지 않으냐고 말한다. 아내의 지청구를 들은 척 만 척 막무가내로 우산꽂이 구석자리에 숨겨 뒀다. 그 우산의 정겨운 마음을 간직하고픈 생각이 앞선 탓이다

작년 5월 어느 날, 도서관에서 독서 삼매경에 빠져 있다 귀가를 서둘러다. 출입구에서 갑자기 후두둑 세찬 빗줄기에 멈춰 서서 빗줄기가 가늘어질 때까지 마을버스 정류장까지 거리를 가늠하고서 '뭐, 봄비는 오랜만에 맞으면 기분 좋은 날이지!' 하면서 우두커니 창밖을 지켜봤다.

어릴 적 우산장수가 청명한날 집집마다 우산을 고쳐 주던 일을 떠올려 보거나 버스 정류장으로 시장을 다녀오시는 어머니 마중을 가서, 때로는 아버지를 형제들을 기다리는 추억에 잠겨 행복했던 시절을 회상하고 있었다. 그때 갑자기 등 뒤에서 학생이 다가왔다.

"선생님, 이 우산 쓰세요."
"응? 새 우산인데…. 내가 셈을 치르마."
"아니요, 여자 친구를 찾는데 벌써 갔어요. 갑니다."
"고마워!"

얼떨결에 우산을 받고는 참 요긴하게 봄비를 맞으며 성복천 길을 운치 있게 걸어왔다. 언젠가 나도 필요한 사람에게 우산을 돌려주고 싶다고 생각하며….

예전에는 우산을 소중하게 생각하여 창호지에 들기름을 바른 대나무우산을 썼었다. 60년대에 사용하던 얇은 비닐 1회용 우산은 여름날 세찬 폭우에 우산이 휙 하니 반대편으로 접혀지면 우산대가 부러져 비를 흠뻑 맞은 생쥐처럼 집으로 뛰기 시작한 추억들이 새롭다.

오늘 같은 봄비 오는 날, 선물받은 비닐우산을 찾아 쓰고 공원으로 산책을 나선다. 아내의 짜증을 못 들은 척, 검은 물방울 1회용 우산은 중국산이라고 하지만 가볍고 시야가 탁 트인데다 바람막이 겉옷을 걸치고 트레킹바지에다 가벼운 신발, 비닐우산에 떨어지는 빗방울 소리는 아기 코끼리 걸음마처럼 얼마나 흥겨운지 시간 가는 줄 모른다.

또한 봄비에 주변이 환하게 밝아 오는 생명의 아우성이 들린다. 지붕이 있는 벤치에 앉아 맞은편으로 손자 또래의 아이들이 몰려가면,

"너희들 몇 학년이니?"

"3학년이요."

"벌써 마쳤니?"

"학원 갑니다."

아! 저애들은 비가 오면 송사리를 잡으러 가는 추억도, 버스정류장으로 엄마 마중도, 마냥 기다림의 삽상한 추억도 없이 오직 학교 학원 성적순에 매달려 물질사회의 혜택은 입고 자랐겠지만, 물건의 소중함과 귀한 우정은 저애들에게 전설이 되겠지.

봄비 오는 날, 목련이 화사하게 피어 있는 공원 벤치는 행복한 추억을 되살리기에 맞춤한 장소다.

_ 2017년 4월 5일
봄비 오는 날

야구장에서

젊음이 용솟음치는 용광로
꿈을 향해 던지고 치고 달린다
홈런 노히터 노런 헤드퍼 슬라이딩
와! 함성 하늘에 닿을 듯

억울한, 서글픈 사연들
강속구에 사라지고
딱 소리 흰 포물선 따라
열 내리고 기쁨 솟네

검은 안개처럼 휩싸는 불안
슬픔의 가시밭길을
삼중살로 헤치고 우뚝 선
불굴의 투혼

함께 가는 길

궁핍한 시절을 같이 이겨 낸 오랜 벗들이 봄나들이를 나섰다. 어깨를 나란히 하며…. 어디를 누구와 가느냐가 중요해진 나이다. 즐거운 노년은 청장년 시절의 '함께 먹기'나 '함께 마시기'보다 '함께 활동하기'다.

무엇이 우리를 여유롭게 하는가? 오래된 고찰 개심사 수덕사 해미읍성을 둘러보며 느림이나 여유로움에 젖어든다. 우리가 함께해야 할 사람이나, 일이 있다면 늙는다는 게 그리 두려운 일이 아니다.

현대사회에서 노인의 지혜는 쓸모없어진 지 오래다. 줄 것도 없으면서 받기만 하는 장수사회. 은퇴 후 여행을 하고 가족과 함께 즐거운 시간을 보내려는 오래된 꿈을 실현하기 위해 아무리 노력해도 존재의 비애는 어쩔 수 없다.

그러나 내 주변에는 살아 있다는 자체만으로도 주변에 온기를 주는 사람이 있다. 병든 손자의 치료비를 보태기 위해 궂은일을 마다않는 할머니는 그래도 산다는 것은 신나고 좋은 일이란다. 종교의 힘인가? 믿음, 신념인가?

산을 옆으로 끼고 광교산 천년약수터에서 광교 저수지로 둘레길을 한나절 걷는 사람들의 모습이 선하다. 산에는 늙어 간다는 것의 서러움을 달래 주는 소나무, 향나무가 있다. 그리고 그물에 걸리지 않는 바람이 있다.

60년대 앨범 속의 친구들은 언제나 앳된 모습, 잘생긴 녀석들이다. 지금은 자식들에게 모두를 물려주고 허허로운 웃음 짓는 벗들이다. 가는 세월 그 누가 막을 수 있겠는가? 하지만 변할 수 없는 건 다정 다감. 정 나누며 사는 인생이다.

꽃샘추위에도 꽃망울을 터뜨리며 은은하게 향기를 풍기는 산매화를 보는 순간. 삶의 기쁨, 내가 살아 있다는 존재의 가치를 친구와 함께 나누고 싶다.

_ 2017년 4월 20일

공덕(功德)

소실봉2봉 등산로와 여섯 개의 쉼터는 1999년 8월부터 한 개인 혼자의 힘으로 조성한 것으로, 4년 동안 온갖 노력과 정성과 땀으로 이룩한 자연시설물이다. 골안쉼터, 동마루쉼터, 소궁안 밤나무쉼터, 광장쉼터, 아미재골 이마당…. 작명마저 소박하고 친근하며 정겨운 아늑한 쉼터 아닌가!

산림에 조예가 깊고 학식이 뛰어남을 직관적으로 느낄 수 있다. 자연을 훼손하지 않고 춘하추동 새로운 느낌을 갖게 하는 위치에 운치 있는 벤치들. 산책은 한 시간 반이면 S자 코스로 한 바퀴 쉬엄쉬엄 돌면서 몸과 마음이 개운해지는 것을 느낄 수 있다.

고다마 붓다의 길에 보상이란 존재하지 않는다. 보상을 바라는 마음이 곧 탐욕이다. 모든 행위 그 자체가 하나의 보상이어야 하며 그렇지 않다면 그것을 하지 말라고, 즉 남을 위해 무엇을 이뤘다고 자랑하는 순간 공덕은 사라진다고….

남은 생애를 자연을 훼손하지 않고 자기의 재능을 발휘해 시민들의 건강 증진과 자연탐방로와 등산로를 개척하는 끈질긴 노력은 존경받는 우리 시대의 사표(師表)다.

나는 주위 사람들에게 늘 감사드린다. 당신들이 나를 행복하게 만들어 주는 고마운 분들이라고…. 자연을 아름답게 가꾸려 노력하는 사람이 더 많아 아직도 우리사회가 살 만한 세상 아닌가. 자신의 존재감을 끊임없이 드러내고 관심을 요구하고 기억되기를 바라는 사회가 된 지금, 약한 자들에게 더 모지락스러운 세상살이에 한 줄기 신선한 바람처럼.

그는 새소리를 즐기고 노동으로 땀 흘린 뒤의 소쇄함을 즐긴다. 아! 복 짓는 사람, 죽양(竹陽) 이우재 님.

_ 2017년 5월 19일

문정(文庭)

기념 여행의 묘미

여행은 사람에게 행복한 추억을 선물한다. 여행 마니아가 아니라도 동감한다. 결혼 43주년 기념 여행은 '탐나는' 제주. 중국 관광객이 뜸한 고즈넉한 분위기에 잠수함 타고 해저 생태계조망, 주상절리, 승마 체험, 성읍민속마을, 우도팔경 탐방을 거쳐 가면서 신혼여행 시절의 참 행복했던 기억들을 떠올렸다.

당시에는 제주관광호텔뿐 서귀포에는 송옥여관이 추천 숙박업소였지만, 이제는 우후죽순으로 호텔과 식당들이 가득 차 소박한 인심과 자연친화적인 생태계가 개발 우선에 밀려 내 마음의 고향이 점차 퇴색해 가는 느낌이다.

용두암에서 서쪽해안도로 일주 서귀포에서 5 · 16고속도로를 거쳐 성산 일출봉, 제주 민속촌을 찾았다. 신혼여행 사진 속에는 젊음과 수줍음이 넘쳐났는데, 어느덧 노부부가 섰다.

제주 패키지여행의 특색은 모자 · 모녀가 함께하는 효도관광이거나 노부부 함께 추억 쌓기 여행이다. 요즈음 손자녀들 커 가는 것이 오뉴월 하루 볕이 다르고 노인네 기력 쇠하는 것이 하루 밤새 다르다는 말을 실감하지 않을 수 없다. 백발이 성성한 80대 어머니를 모시고 다니는 50대 중반의 아들과 70대 어머니를 모시고 다니는 30대 중반의 딸의 모습이 보인다.

바쁜 일상을 살다 보면 잊기 쉬운 가족을 향한 애틋함과 소중함이 함께 녹아들어 삶의 기쁨과 나이 듦의 슬픔이 교차한다. 자녀들이 부모를 위해 시간과 비용을 마련하는 것은 자기가 필요한 존재가 되어 있다는 만족감과 그 부모는 복받은 존재임을 자각하고 흐뭇해한다.

고희를 넘긴 아내는 화려한 관광을 벗어나 휴양 개념의 여행지를 선호한다. 카멜리아 힐에서는 기념품점에서 고급 스카프로 멋을 내고 화원과 푸른 바다 배경으로 사진을 찍고 언덕길을 오르내리며 소녀처럼 발랄해진다. 어쨌든 감상적인 분위기가 한층 밝아졌다.

훌훌 털고 길 떠난 노년들. 지루한 일상에서 벗어나 설렘을 간직하고 기억의 파편을 줍다 보면 삶의 기쁨과 슬픔은 지난 삶에 고스란히 녹아들고, 아름다운 세상, 고마운 이웃들, 가족들, 친구들이 나를 반겨 맞아 줄 시간이 다가온다. 내일은 또 다른 희망으로 가득 차오른다.

_ 2017년 5월 29일

넝쿨 장미 소녀

새빨갛게 타오르는 꽃불 앞에서
내 마음을 옭매 버린 너
담장 따라 생을 찬미하는
화려한 행진

싱그러운 꽃잎 위에
수줍은 꽃봉오리
찬란한 날개 펼쳐 벌나비 불러
동화 같은 이야기 듣네

날마다,
슬픈 아름다운 용기 있는
억울한 사연들을
겹겹이 엮어 내는가

고주(古酒) 고우(古友)

요즘 들어 부쩍 나이를 의식하고 몸을 사리게 되는 건 주변의 건강주의보 탓이다. 삶이 을씨년스러워지면서 '술 한잔하자'가 '밥이나 같이 먹자'로 바뀐 지 오래다. 고희를 경계로 모두들 한 가지씩 지병을 친구삼아 그림같이 산다.

잊은 줄 알았지만 알싸하게 퍼지는 그리움. 평균수명 83세, 기대수명 90세. 경제활동 기간은 짧아지고 여생을 보내는 시간은 늘어났다. 오래 살기보다는 즐겁게 살자가 시대의 화두로 떠올랐다.

남은 생애 먼 길을 가는 우리에게 우정의 만남은 길가에 무리지어 핀 들꽃 향기가 넘쳐난다. 소소한 일상의 기쁨을 함께 나눌 여유를 지닌 마라톤 마니아 P형, 만년청년 L형, 등산 마니아 K형, 그리고 나. 항상 행동대장 K는 쇠뿔도 단김에 뺀다. 가는 세월 1박 2일로 잡아 보자는 제의에 OK. 5월 18~19일 부산행 여정이다.

예전에는 민락동 회센터에 들러 자연산 돌돔을 안주로 시원소주 한 병씩 스트레스를 날려야 하는데, 이젠 저녁에 일식집에서 조용한 만남으로 바꿨다. 오후 1시 부산역에 도착하여 바다 향을 듬뿍 담은 자연산 물회로 마음에 점을 찍고, 편리한 지하철로 범어사로 향했다.

고요와 적막의 산사 분위기에 고향집 부모님이 생각나 눈물이 나려 한다. 그리고 '모든 길흉화복은 자기 자신에게서 나오기에 천명을 아는 사람은 그 누구를 탓하지 않고 오직 자신을 들여다보기 마련이다.'라는 선사의 가르침을 떠올려 본다.

여행은 언제 만나도 편안하고 마음 놓이는, 그냥 곁에 있는 것만으로도 충만한 벗과 함께하는 것이 좋다. 산사의 맑은 향은 마음을 평안하게 하고, 쉬엄쉬엄 산책과 경내 명상의 시간 동안 마음 다스리기로 시정의 소란스러움을 잠재웠다. 하산길에는 '허심청'이라는 온천욕장에 들러 풍진의 몸도 깨끗이 단장하고, 고우가 기다리는 '해도'로 단숨에 찾아든다.

"여전하네!"

"아무렴."

"동안들이네!"

듣기 좋은 말들이다. 언제나 건강이 화두의 첫째이고, 주변 친구들의 안부가 오간다. 일소일소(一笑一少) 9점이 지나자 그냥 헤어지기 섭섭하여 망설이는데, 누군가 노래방으로 선창하자 우르르 몰려가 '청춘을 돌려다오!'로 시작된 노래자랑은 술이 깨어날 11점이 지나서야 내일을 기약하고 헤어졌다.

다음 날 숙취에는 맑은 대구탕이 으뜸이지! 한 그릇 뚝딱 해치우고, 한식날 찾아뵙지 못한 불효, 백운공원을 찾아 헌화하고는 "조상님, 부모님 음덕에 자녀들과 손·외손자녀 무탈하고 모범생이랍니다." 신고했다.

"니, 내를 안 만나고 가면 섭하지!" 하는 죽마고우 K와 점심 생복지리, S와는 자갈치 회센터에서 "우리 건강할 때 좀 더 자주 만나자. 아주머니랑 함께 오너라. 언제든지 좋다." 묵은 술 고주에 진한 우정은 깊어만 간다.

고향 친구들과 함께하는 이 모든 것이 내 삶을 더욱 풍요롭게 한다. 이 소중한 삶의 순간들이 세월 속에 묻혀 가는 안타까움을 뒤로하고 서울행 KTX 열차에 올랐다.

_ 2017년 5월 31일

힐링 여행

급변하는 세상 속에 살고 있는 요즘, 현대인들은 스트레스에 지친 몸과 마음을 위로받기 위해 자신의 마음속에 담아 두었던 응어리를 풀고 기분 전환을 위해 길을 떠난다.

몸과 마음이 치유되는 우정의 여로, 매일 반복되는 무미건조한 노년의 일상에서 벗어나 자연을 벗 삼아 유명 관광지를 찾아 수려한 경관 속에 묻혀 있는 역사와 선조의 지혜로운 숨결을 되새기며 몸과 마음가짐을 추슬러 스스로 위로와 안정을 찾는다.

한국 지형의 정중앙인 중앙탑을 올라 보면 유구한 역사의 흐름에 민초의 고난이 남한강 물결 따라 다가온다. 발길을 돌려 충혼탑에 이르면, 수많은 애국선열의 충절이 나라를 지키기 위해 목숨을 바친 무명의 용사들에 고개 숙여 명복을 빌어 본다.

우륵 선생이 가야금을 탄했다는 탄금대에 이르면 '아! 슬프구나. 민족의 수난사….' 하는 탄식이 절로 나온다. 신립장군은 용장이었으나 지장은 아니었으니, 천하의 요험지인 새재를 버려두고 용맹을 떨쳐 여진을 물리쳤던 기마병을 쓸 수 없으니 들판에서 싸우는 것이 승산이 있다고 주장하여 수많은 장졸들을 강물 속에 수장시켰으니, 고혼들을 어찌할까? 문득 을지문덕 장군이 수나라 장수 우중문에게 보낸 시 한 수가 생각난다.

귀신같은 꾀 천문을 궁구하였고
기묘한 술책은 지리에 궁구하였도다.
싸움에 이기어 공이 이미 높으니
만족한 것을 알면 싸움을 그칠 것이니라.

금강산도 식후경. 충청도 대표 건강식으로 강력 추천하는 마늘 한정식 "장다리". 마늘은 예부터 우리와 함께한 향신료이다. 그 속에 알리신은 활성산소를 제거, 혈관질환예방은 물론 항균작용까지, 한마디로 노화방지식품 중 으뜸이다.

나는 마늘의 자극성 냄새인 알리신의 알싸한 톡 쏘는 향을 즐겨 쌈밥에는 얇게 썰어 놓은 생마늘 한 점을 올려 먹어야 입맛이 돌고 침이 고인다. 이처럼 야외에서 친구들과 어울려 막걸리를 서로 권하면 근심 걱정은 저만큼 물러선다.

다음 여정은 천태종본산 '구인사'. 나와의 인연은 어머님의 한 가지 소원 빌기이다. 지금은 교통수단이 편리해졌지만 60~70년대 열악한 환경 속에 오직 가족의 건강과 행복을 소원하였기에 불원천리 길을 다녀오셨을까? 금계포란형의 명승지 국란의 피난처에서, 법당에서, 마음 비우기와 다 내려놓기를 하면 오늘의 행운은 이심전심 부모님의 은덕에 감사할 뿐이다.

우리 영혼에 선물 같은 휴식을 선사하는 힐링 여행. 사랑과 헌신, 정신적 풍요, 그리고 감사와 애도. 어디론가 떠나고 싶은 유혹을 느낄 때 여행은 누군가와 함께라는 데 의미가 있다. 함께 걷다 보면 시간마저 쉬어 가는 느낌은 노년에만 느낄 수 있는 행복이다.

인생의 참맛

노년의 삶이란? 내 삶의 즐거움을 찾아서 떠나는 여로이다. 사람들은 각자 의지하고 사는 세상이 있다. 아내, 친구, 자식들, 손자녀들, 멘토 등등…. 그러나 가끔씩 계절의 순환을 만끽하는 별미 여행은 신체에 활력을 불어넣어 주고 정신을 쇄신하여 혼탁한 세상살이에 벗어나 살맛을 느끼게 한다.

겨울에서 봄으로 넘어가는 어중간한 계절에 경치는 봄이지만 바닷바람은 여전히 겨울에 머물러 있었다. 봄철에 생기를 불어넣는 영양식 남당항 새조개, 꼬들꼬들 탱글탱글한 서천항 주꾸미는 긴 겨울을 나느라 몸의 진기를 빼앗겨 쇠잔해진 심신에 생기를 불어넣어 준다.

잘산다는 것은 하루 약주 한두 잔, 생선 한 접시, 잘 지은 문장 독서 삼매경이면 족하다. 저녁 퇴근 무렵 남자들은 회식이다, 한턱이다, 술이다, 밥이다. 여자들 중에서도 처녀들은 커피에 핸드백을, 아주머니들은 마트포장지에 먹거리를, 할머니들은 검정색 포장지에 저녁 찬거리를 들고 귀가를 서두른다.

아내는 이 시기를 좋아한다. 아침마다 '밥 먹자'는 소리가 반갑고 저녁에는 냄비에서 구수한 된장찌개나 생선찌개에 소주 한 잔이 입맛을 돋군다. 하루 일과 중 있었던 일을 서로 말한다.

"천변에 오리 떼가 사라지고, 왜가리 한 마리, 해오라기 한 마리 쓸쓸히 서 있었고, 개나리가 노란 물감으로 채색되었어. 건너 광교산에는 진달래가 봉오리 져, 양지쪽에는 봄바람에 꽃잎이 파르르 떨며 서 있는 모습이 반갑고 대견스럽네."

그러면 아내는 수영장에서 미운 몸매에 씻지도 않고 뛰어드는 꼴사나운 모습에 쌍심지가 돋았다거나 봄나물을 팔러 온 할머니께 얄밉게 더 얹어 달라고 좋은 것만 골라 담는 얌체족은 눈꼴사나워 죽겠다는 둥, 지난주 훌쩍 커 버린 손자녀석 옷 한 벌을 사 놓고는 "잘 맞으려나?" 고개를 갸우뚱.

유심히 살펴보면, 우리를 행복하게 하는 것들은 천지에 널리고 널렸다.

겨우내 움츠리고 있던 꽃봉오리 톡 하고 터졌다. 잘산다는 개념을 개인 소득과 소비한 후 남은 여윳돈으로 측정한다는 경제이론보다는 우리네 삶의 고샅에서 누릴 높다란 삶의 즐거움이려니…. 유유자적이다. 여유를 가지고 많이 움직이는 생활습관이 최적이다.

진시황이 약이 없어 죽었을까? 생명의 탄생과 죽음이 순환되면서 세상은 변화한다. 항상 같음이 없음을, 인생은 변화 그 자체임을 새삼 느낀다.

_ 2016년 3월 28일

담쟁이 넝쿨

담장을 타오르는,
정화의 물결
생명의 파도 넘실댄다
긴 가뭄에 기죽지 마라

아침이슬로
타는 목마름을 달래고,
공해의 늪을
녹색 융단 펼쳐든다

가을엔 붉게 물들어
한 해의 간난신고를 적어 낸다
내년에 더 많은 영토를 점하려
자연이 순수로 가득하게

지금은 모바일폰 하나로 자신의 주변에서 일어난 다양한 사건과 이야기와 이미지를 자신만의 플랫폼을 통해 실시간으로 유통시킬 수 있다. 등단해서 갈채받는 꿈같은 건 필요 없다. 글을 쓴다는 사실이 꿈보다 좋다. 진솔하게 따뜻한 인간관계에 대한 희망을 얘기하고 싶다.

무명인으로 타인을 위해 무슨 도움을 줄 수 있는 일을 해 보려 서툰 솜씨로 누구나 소망하는 일생 책 한 권을 쓸수 있도록 도우미 역할을 하여 누구나 쉽게 읽고 공감하고 나도 이런 졸고쯤은 쓸 수 있겠다는 자신감을 고취시켜, 생활글쓰기에서 시 · 수필 · 콩트 · 스마트소설 · 단편소설로 확장하여 자녀, 손자녀, 친구, 친인척에게 유산으로 남기려『평범한 실버의 숨은 행복 찾기』(2014)를 부끄러움 없이 용기 있게 펴냈다. 그리고 2017년『평범한 실버의 숨은 행복 찾기2』를 출판하고 10년 후 장편소설에 도전할 계획이다.

100세 시대. 얼마나 오래 사느냐보다 '무엇을 남길 것인가?'가 더욱 중요하다. 가족과 집의 의미, 사랑과 행복의 가치, 생로병사의 과정 등 모든 것이 다 흔들리고 또 흘러간다. 그러나 자식에게 남길 최고의 유산은 "부모의 행복한 삶"이다.

뭐든 해 볼 각오가 생긴다면 노년의 축복은 삶의 기록이다. 마음속에 어떤 바람과 기대를 품은 채 무엇인가를 준비하는 일은 곧 내가 살아 있다는 증거다.

_ 2017년 7월 15일

최문관